どうぶつ
とり
こくごじてん
御守
おじいちゃんにもらったおまもり
まきっぺをまもってくれるよ
御守
ママこれ直《なお》して
切《き》れちゃった
御守
きれいに直《なお》ってる
こういうときどうするんだっけ

もっちん
おはよう
まきっぺ
おはよう
きょう
担任《たんにん》の先生《せんせい》
おやすみらしいよ
えー
そうな
んだ
わたし担任《たんにん》の先生《せんせい》
なんとなくにがて
だな〜
わたしもー
ほんとうは
こんなこと
言《い》うの
いやだけど
こういうとき
どうするんだっけ

あ
まさやん
まきっぺ
バイバイ
まさやん見《み》るて
きもちがモヤモヤ
してくるよ
バイバイ
また
あしたー
こういうとき
どうするんだっけ
まきっぺ
へやをちらかして
いるだろう?
だれ?
片《かた》づけの
神様《かみさま》じゃよ
また
くるね

ただいまー
あれ だれも いない
ガチャ ガチャ
カー
こういうとき どうするんだっけ

自《じ》立《りつ》のすすめ
マイルール
BEST

辰巳《たつみ》 渚《なぎさ》

まんが・朝《あさ》倉《くら》世《せ》界《かい》一《いち》

小《しょう》学《がく》生《せい》になったら どうするんだっけ

毎日新聞出版

はじめに

小学生《しょうがくせい》になったら

小学生《しょうがくせい》になったら、いままでとは違《ちが》うことがある。

自分《じぶん》ひとりですることが、いっぱいになってくる。

いままでは、外《そと》を歩《ある》くときはそばにお父《とう》さんやお母《かあ》さんがいてくれた。

幼稚園《ようちえん》や保育園《ほいくえん》でも、先生《せんせい》が近《ちか》くにいて見《み》ていてくれた。

でも、小学生《しょうがくせい》になったら、学校《がっこう》の行《い》き帰《かえ》りの道《みち》はひとりで歩《ある》くようになる。

学校《がっこう》では授業《じゅぎょう》の準備《じゅんび》や机《つくえ》のなかの整理《せいり》を、自分《じぶん》でするようになる。

小学生《しょうがくせい》になったら、お父《とう》さんもお母《かあ》さんも先生《せんせい》も近所《きんじょ》の人《ひと》も「小《しょう》学生《がくせい》になったんだ」って、あなたを信《しん》じてくれるんだね。

あなたが、自分《じぶん》の力《ちから》でやろうとがんばっているときに、あなたを信《しん》じているたくさんの人《ひと》たちが、見守《みまも》ってくれているよ。
だから、自分《じぶん》の力《ちから》を信《しん》じてたくさんのことに挑戦《ちょうせん》しよう。

「こういうとき、どうするんだっけ」と困《こま》ったら、まわりの人《ひと》に教《おし》えてもらおう。
「こんな失敗《しっぱい》しちゃった」と思《おも》っても、またやりなおせばいい。
「こういうこと、やってみたい」と思《おも》ったら、声《こえ》に出《だ》して頼《たの》んでみよう。

そうやって、たくさんの挑戦《ちょうせん》をして、たくさんの仲間《なかま》を作《つく》っているうちに、あなたは、どんどん力《ちから》をつけてたくましい子《こ》どもになっていくだろう。

まきっぺは、いつもあなたのそばにいて、あなたを応援《おうえん》しているよ。

もくじ

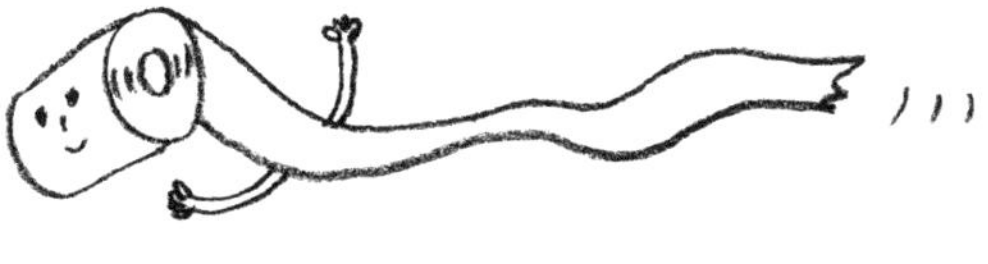

装幀・本文デザイン――今東淳雄
maro design

原《はら》まき（まきっぺ）

小川《おがわ》きもち（もっちん）

近藤《こんどう》まさや（まさやん）

登《とう》場《じょう》人《じん》物《ぶつ》

原《はら》ぺこ　原《はら》ふとし

病院《びょういん》の待合室《まちあいしつ》

呼《よ》ばれたら大《おお》きな声《こえ》で「はい」

お医者《いしゃ》さんに行《い》ったとき。待合室《まちあいしつ》は、人《ひと》でいっぱいだ。看護師《かんごし》さんが次々《つぎつぎ》に名前《なまえ》を呼《よ》んでいく。しばらくしてようやく、あなたの名前《なまえ》が呼《よ》ばれた。

「ああ、私《わたし》の番《ばん》だ」と席《せき》を立《た》つよね。そのとき、ちゃんと「はい」って返事《へんじ》をしているかな。黙《だま》って席《せき》を立《た》って、診察室《しんさつしつ》にそのまま入《はい》っていないだろうか。

でも、それではいけないのは、わかるよね。返事《へんじ》をしないと、看護師《かんごし》さんは、あなたがいるのかいないのかわからない。もしかしたら、「帰《かえ》っちゃったのかもしれない」と思《おも》って、次《つぎ》の人《ひと》を呼《よ》んでしまうかもしれないよ。

それに、忙《いそが》しい看護師《かんごし》さんに、何度《なんど》も名前《なまえ》を呼《よ》ばせるのは、失礼《しつれい》だ。

聞《き》こえなければ「返事《へんじ》」にならない

大切《たいせつ》なのは、相手《あいて》に聞《き》こえるように返事《へんじ》をすること。待合室《まちあいしつ》がにぎやかだと、小《ちい》さな声《こえ》で返事《へんじ》をしても声《こえ》がかき消《け》されてしまう。返事《へんじ》は、相手《あいて》に聞《き》こえなければ「返事《へんじ》」にならないんだからね。

これは、学校《がっこう》でも、電車《でんしゃ》のなかでも、家《いえ》でも、同《おな》じことだ。呼《よ》ばれたら、相手《あいて》を見《み》て、しっかり相手《あいて》に伝《つた》えるつもりで「はい」と大《おお》きな声《こえ》で返事《へんじ》をしよう。

診察室《しんさつしつ》
原《はら》さーん
原《はら》まきさーん
呼《よ》ばれた
返事《へんじ》をしない人生《じんせい》
あ…
あ…
返事《へんじ》をする人生《じんせい》
はい
原《はら》さ〜ん
う
こちらへどうぞ
シャラリラリ〜ン
いませんか〜
いてて
ああ
はれやか
ああ
みじめ

2

ただいま！と帰《かえ》ってきたら……
玄関《げんかん》で靴《くつ》をそろえている？

学校《がっこう》や塾《じゅく》からの帰《かえ》り道《みち》で、家《いえ》が見《み》えてくると「ああ、うちだ」とほっとするよね。早《はや》くうちでおやつを食《た》べたい、お母《かあ》さんは何《なに》しているかな。そんなことを考《かんが》えて、心《こころ》が矢印《やじるし》みたいになって、勢《いきお》いよく玄関《げんかん》から飛《と》んで入《はい》りたくなっちゃうね。

さて、そこであなたの靴《くつ》はどうなっているだろう。心《こころ》の矢印《やじるし》のまま、つま先《さき》が家《いえ》のなかを向《む》いて脱《ぬ》ぎ捨《す》てられていないかな。

靴《くつ》はそろえる

玄関《げんかん》では靴《くつ》はそろえておくものだ。玄関《げんかん》は家《いえ》の顔《かお》。外《そと》から来《き》た人《ひと》が脱《ぬ》ぎ散《ち》らかされた靴《くつ》を見《み》たら、「だらしない家《いえ》だな」と思《おも》うはず。

それに、あなたが次《つぎ》に靴《くつ》を履《は》くとき、つま先《さき》が向《む》こうにあるほうが、履《は》きやすい。

脱《ぬ》いだあと、靴《くつ》のカカトを持《も》ってクルッと向《む》こう向《む》きにそろえておこう。友《とも》だちの家《いえ》でそうしたら、おばさんのあなたへのポイントもアップだ。

うちだけのないしょのルール

ないしょだけど、家《いえ》の玄関《げんかん》だったら、靴《くつ》を後《うし》ろ向《む》きに脱《ぬ》いで入《はい》ってもよし。これはズルじゃなくて「臨《りん》機《き》応《おう》変《へん》」と言《い》うんだ。

スポーン
スポーン
ただいまー
おやつー
ガン
ゴン
ボン
よく見《み》て
どろぼう？

3 迷子《まいご》になった！

あわてる前《まえ》に その場《ば》でできること

最初《さいしょ》に質問《しつもん》。あなたは、出《で》かけた先《さき》で迷子《まいご》になったとき、どうしたらいいか、お父《とう》さんやお母《かあ》さんと話《はな》し合《あ》ったことがあるだろうか。

ある人《ひと》は、さすがだ。念《ねん》のために、今日《きょう》、もう一度《いちど》、家族《かぞく》で話《はな》し合《あ》っておこう。ない人《ひと》は、今日《きょう》がチャンス。どうしたらいいかをきちんと決《き》めておこう。案《あん》としては、こんな感《かん》じかな。

①近《ちか》くで働《はたら》いている大人《おとな》、たとえば駅員《えきいん》さん、動物園《どうぶつえん》の係《かかり》の人《ひと》、店員《てんいん》さんなどを探《さが》して、「迷子《まいご》になりました」と言《い》う。

②その場《ば》から動《うご》かない。お母《かあ》さんたちが探《さが》しに来《き》てくれるまで、じっとしている。

③家《いえ》の電話《でんわ》や携帯電話《けいたいでんわ》の番号《ばんごう》を覚《おぼ》えているなら、近《ちか》くの大人《おとな》に電話《でんわ》を借《か》りる。

これがリスクマネジメントだ

あなたは、「リスク」とか「リスクマネジメント」とかいう言葉《ことば》を聞《き》いたことがあるかな。「リスクがある」とは、ふだんの生活《せいかつ》で危《あぶ》ないことが起《お》きるかもしれない、という意味《いみ》だ。

「ぜったいに迷子《まいご》にならないようにする」なんて、無理《むり》だよね。万一《まんいち》、迷子《まいご》になったときのために、どうしたらいいかを考《かんが》えておくのが、「リスクに備《そな》えること」、つまり「リスクマネジメント」なんだ。

4

麦《むぎ》茶《ちゃ》を取《と》ってもらった「ありがとう」言《い》っている？

お母《かあ》さんに「のどが渇《かわ》いた。麦《むぎ》茶《ちゃ》ちょうだい」と頼《たの》んでコップを渡《わた》してもらったとき、「ありがとう」って言《い》っているかな。

お母《かあ》さんだから言《い》わなくてもいいじゃん。先《せん》生《せい》や近《きん》所《じょ》の人《ひと》には、ちゃんと言《い》っているよ。そんな声《こえ》が聞《き》こえてきそうだね。

でも、何《なに》かしてもらったら、相《あい》手《て》が誰《だれ》でも「ありがとう」と言《い》える人《ひと》はすてきだね。「ありがとう」という言《こと》葉《ば》はみんな知《し》っている。だからこそ、当《あ》たり前《まえ》に口《くち》に出《だ》して言《い》えることが大《だい》事《じ》なんだ。

家《いえ》でできないことは外《そと》でもできない

「ありがとう」とか「ごめんなさい」とか、なかなか言《い》えない言《こと》葉《ば》は、家《いえ》でいつも言《い》うようにしているといいよ。悩《なや》む前《まえ》に口《くち》から出《で》てくるように家《いえ》で訓《くん》練《れん》するんだ。

そうそう、お父《とう》さん・お母《かあ》さんはあなたに「ありがとう」って言《い》ってくれるかな。マナーには厳《きび》しいのにあなたに言《い》ってくれないなら、頼《たの》んでみよう。「お母《かあ》さんも私《わたし》にありがとうって言《い》ってくれると、とってもうれしい」ってね。「ありがとう」が行《い》き交《か》う家《いえ》って、気《き》持《も》ちいいよね。

まき
できたよ
これでいい？
3くみ 原まき
うん
さてと
夕飯《ゆうはん》作《つく》らなくちゃ
ふーー
ズッタラ
ズッタラ
ママ…ありがとう
ぱあ
どういたしまして

5

絵《え》の具《ぐ》が服《ふく》についた！
すぐに水道《すいどう》へGO《ゴー》

大好《だいす》きな図工《ずこう》の時間《じかん》。今日《きょう》は水彩画《すいさいが》だ。ついつい楽《たの》しくて、絵《え》の具《ぐ》のついた筆《ふで》を持《も》ったまま友《とも》だちとふざけちゃった。しまった！と思《おも》っても、時《とき》すでに遅《おそ》し。洋《よう》服《ふく》に絵《え》の具《ぐ》が飛《と》んで、染《し》みになっている。今日《きょう》に限《かぎ》って、薄《うす》い水色《みずいろ》のシャツを着《き》てきちゃった。あーあ、家《いえ》に帰《かえ》って何《なん》て言《い》い訳《わけ》しよう……。

そうやって落《お》ち込《こ》む時間《じかん》があったら、すぐに席《せき》を立《た》ち、水道《すいどう》のところへGO《ゴー》。ついた絵《え》の具《ぐ》はすぐに水《みず》で洗《あら》えば、きれいに落《お》ちるよ。染《し》みのところだけつまんで、水《みず》で流《なが》してしまおう。

つまめない場所《ばしょ》なら、体側《からだがわ》から乾《かわ》いたティッシュを当《あ》て、外側《そとがわ》から水《みず》を含《ふく》んだティッシュでたたけばいい。絵《え》の具《ぐ》は、乾《かわ》いたティッシュに染《し》み込《こ》んでいくよ。

落《お》ち着《つ》いて、すばやく行動《こうどう》

習字《しゅうじ》の時間《じかん》の墨汁《ぼくじゅう》も、給食《きゅうしょく》の時間《じかん》のおしょうゆも、ケガしちゃったときの血液《けつえき》も、十分《じっぷん》たつと落《お》ちにくくなるけれど、その場《ば》ですぐならなんとか落《お》ちる。落《お》ちきらなくても、目立《めだ》たないようになる。

あわてて立《た》つと、墨汁《ぼくじゅう》のボトルを倒《たお》したり、さらに被害《ひがい》を拡大《かくだい》しかねない。落《お》ち着《つ》いて、すばやく行動《こうどう》できるといいね。

は…
は…
はーくしょん
あー大《たい》変《へん》
だいじょうぶ
しみになっちゃった！
どうするんだっけー
ああ
大《だい》パニック
今夜《こんや》はハンバーグよ
やった
あわてないでー
こんなときにかぎってどうでもいいこと思《おも》い出《だ》しちゃう

6

祖父母《そふぼ》からのプレゼント

「大好《だいす》き！」の気持《きも》ち 大切《たいせつ》に受《う》け取《と》ろう

おばあちゃんの家《いえ》に遊《あそ》びに行《い》ったら、「これ、あげようと思《おも》って買《か》っておいたのよ」って、ぬいぐるみをくれた。私《わたし》、もう赤《あか》ちゃんじゃないのになあ。それに、お母《かあ》さんがまた文句《もんく》を言《い》うなあ。おばあちゃんは、いつも同《おな》じような物《もの》を買《か》ってくれるんだもの。「いらない」とも言《い》えないしな。

そういう悩《なや》み、あなたにはないかな？

おばあちゃんやおじいちゃんって、孫《まご》におこづかいをくれたり、物《もの》を買《か》ってくれたり、甘《あま》いよね。ありがたいけれど、正直《しょうじき》、困《こま》る。

だから、一度《いちど》、考《かんが》えてみよう。おばあちゃん、おじいちゃんの気持《きも》ち。

お父《とう》さんやお母《かあ》さんは、あなたを育《そだ》てている。あなたにしてあげることが、たくさんある。お弁当《べんとう》を作《つく》りお出《で》かけし、塾《じゅく》や洋服《ようふく》のお金《かね》を出《だ》すことで、あなたを愛《あい》する気持《きも》ちを伝《つた》えられる。

でも、おばあちゃんたちには、それができない。親《おや》の役目《やくめ》だから、手《て》を出《だ》してはいけない、ってがまんしている。

だから、プレゼントやおこづかいで「あなたが大好《だいす》き！」という気持《きも》ちを伝《つた》えたくなるんだね。

その気持《きも》ちを大切《たいせつ》にするために、あなたができること——素直《すなお》に「ありがとう！」って、プレゼントを受《う》け取《と》ろう。お母《かあ》さんには、あなたの気持《きも》ちをきちんと説明《せつめい》すればいいんだ。

まきっぺのおじいちゃんはまきっぺに会《あ》いたいあまり……
まきっぺ
幽体離脱《ゆうたいりだつ》ができるようになってしまいました
まきっぺー会《あ》いにいくよー
ヒュ〜
そうだプレゼントもっていこう
じいちゃんまきっぺにこわがられるよ
夏休《なつやす》みまで待《ま》ってなさいよ
まきっぺはやくあそびにおいで〜

7

遅刻《ちこく》しない
いちばん基本《きほん》のルール　君《きみ》の「信用《しんよう》」にかかわる

学校《がっこう》の始業時間《しぎょうじかん》に遅刻《ちこく》したこと、ある？　うっかり朝寝《あさね》ぼうして、遅《おく》れて教室《きょうしつ》に入《はい》っていくのって、恥《は》ずかしいから気《き》をつけるよね。

では、友《とも》だちと遊《あそ》ぶ約束《やくそく》に、遅刻《ちこく》したことはあるかな。お母《かあ》さんと「五時《ごじ》には、帰《かえ》るよ」と約束《やくそく》したのに、五時《ごじ》十五分《じゅうごふん》になっちゃったことは？

学校《がっこう》の授業《じゅぎょう》なら、遅刻《ちこく》はいけないことだとわかっている。それなのに、親《おや》や友《とも》だちとの生活《せいかつ》のなかでの約束《やくそく》にちょっとくらい遅《おく》れても、「しかたないか」で済《す》ませてしまう。そんな癖《くせ》はないだろうか。

その気持《きも》ちはわかるけれど、約束《やくそく》の時間《じかん》に遅刻《ちこく》するのは、どんな場合《ばあい》でも恥《は》ずかしいことだ。

あなたが遊《あそ》びに来《く》るのを「まだかな〜」って楽《たの》しみにしていた友《とも》だちは、時間《じかん》になってもあなたが来《こ》ないと、がっかりする。五時《ごじ》には、あなたに留守番《るすばん》を頼《たの》んで用事《ようじ》に出《で》かけたかったお母《かあ》さんは、あなたが帰《かえ》ってこないと困《こま》ってしまう。

どんな場合《ばあい》でも、「約束《やくそく》の時間《じかん》を守《まも》る」は、いちばん基本《きほん》のルールだ。このルールが守《まも》れない人《ひと》は、「きっとほかのルールも守《まも》れない人《ひと》なんだろう」と、信用《しんよう》されなくなってしまう。「大事《だいじ》な約束《やくそく》だけ守《まも》ればいい」と思《おも》っている人《ひと》は、「相手《あいて》によって態度《たいど》を変《か》える人《ひと》なんだ」と疑《うたが》われてもしかたがないと思《おも》うよ。

へび年《どし》にょろにょろ おれにょろた
にょろろろろ
にょろた（クラスメート）
あ
その本《ほん》まきっぺの？
図書室《としょしつ》にはないんだよね
ゴリラたんてい
読《よ》む？
いいの？
来週《らいしゅう》の金曜日《きんようび》には返《かえ》してね
ありがにょろ～
心配《しんぱい》じゃない？
にょろたって約束《やくそく》の時間《じかん》に遅《おく》れないんだよ
だからだいじょうぶ

8

忘《わす》れ物《もの》をしてしまう 自分《じぶん》なりの工夫《くふう》を

学校《がっこう》が始《はじ》まったら、忘《わす》れ物《もの》ばかり。春《はる》だから？　なーんて、のんきにはしていられないよね。先生《せんせい》にしかられるのも、いやだしね。どうしたら、忘《わす》れ物《もの》をしなくなるんだろう。優等生《ゆうとうせい》は、忘《わす》れ物《もの》をしないんだろうなあ……。

こんな準備《じゅんび》をしてみよう

ところが！　優等生《ゆうとうせい》でも、忘《わす》れ物《もの》はする。大人《おとな》になっても、忘《わす》れ物《もの》はする。忘《わす》れ物《もの》をぜったいにしない人《ひと》は、たぶん世界《せかい》に一人《ひとり》もいないんじゃないかな。いつもきちんとしている人《ひと》は、自分《じぶん》が忘《わす》れ物《もの》をすることを知《し》っていて、自分《じぶん》なりの工夫《くふう》をしているんだ。その工夫《くふう》は、性格《せいかく》によって人《ひと》それぞれ。あなたなら、どんな工夫《くふう》をするだろうか。たとえば、明日《あした》の学校《がっこう》の準備《じゅんび》。オススメの工《く》夫《ふう》は、こんな感《かん》じかな。

①王道《おうどう》の工夫《くふう》は、早《はや》めの準備《じゅんび》。前《まえ》の晩《ばん》に準備《じゅんび》しておけば、うっかり入《い》れ忘《わす》れた物《もの》も次《つぎ》の日《ひ》の朝《あさ》までには思《おも》い出《だ》すものだよ。じつは、私《わたし》は苦手《にがて》だけどね。

②思《おも》い出《だ》したときにカバンに入《い》れる。一気《いっき》にそろえると、もれがある。テレビを見《み》ていても「明日《あした》は体操服《たいそうふく》がいる」と思《おも》い出《だ》したときがチャンス！

③曜日《ようび》ごとの忘《わす》れ物《もの》リストを作《つく》る。そして、一回《いっかい》忘《わす》れた物《もの》は、リストに加《くわ》えていくんだ。リストを見《み》やすいところに張《は》っておいて、「月曜日《げつようび》の要《よう》チェックは、上履《うわば》き」などとチェックしよう。

あしたはえのぐを持《も》っていくんだった
忘《わす》れないようにね
絵《え》にかいて玄関《げんかん》にはっておこう
えーのーぐー
朝《あさ》これを見《み》れば思《おも》い出《だ》すよ
ぺた
つぎの日《ひ》
いってき…
あっこれ
わー
しわしわ
すー
ねえママ…わーしわしわすーってなんだと思《おも》う?
知《し》らないわよ

担任《たんにん》の先生《せんせい》
認《みと》めることから始《はじ》めてみよう

新学期《しんがっき》。たぶんみんな、担任《たんにん》の先生《せんせい》が代《か》わったのではないだろうか。人気《にんき》の先生《せんせい》になったみんな、よかったね。では、みんなからちょっと敬遠《けいえん》されているような先生《せんせい》になったあなた、どうする？

人《ひと》には相性《あいしょう》がある。それに、誰《だれ》からも好《す》かれる人《ひと》、憧《あこが》れられる人《ひと》、怖《こわ》がられるけど尊敬《そんけい》される人《ひと》……いろいろ個性《こせい》がある。あなたと担任《たんにん》の先生《せんせい》との相性《あいしょう》がいまいちの場合《ばあい》だって、あるだろう。

担任《たんにん》は担任《たんにん》、うまく気持《きも》ちを切《き》り替《か》えて

担任《たんにん》の先生《せんせい》は選《えら》べない。相性《あいしょう》がよくないからって、交換《こうかん》するわけにもいかない。だから、気持《きも》ちをうまく切《き》り替《か》えよう。

担任《たんにん》の先生《せんせい》は、担任《たんにん》なんだから、担任《たんにん》として尊敬《そんけい》してみる。人《ひと》として好《す》きかどうかは、二《に》の次《つぎ》だ。先生《せんせい》は、先《せん》生《せい》としてあなたにしっかり教《おし》えるべきことを教《おし》えてくれるはずだ。

あなたは生徒《せいと》だから、生徒《せいと》としてふるまってみる。よき生徒《せいと》として、先生《せんせい》にとって教《おし》えがいのある人《ひと》になってみよう。

人《ひと》と人《ひと》との関係《かんけい》は、いったん相手《あいて》を認《みと》めることから始《はじ》まるんだ。そのうちに、意外《いがい》におもしろいことを知《し》っているとか、人《ひと》としてなんだかカワイイと思《おも》えるとか、いい面《めん》がどんどん見《み》えてくるかもね。

もしも先生《せんせい》を選《えら》べたらどんな先生《せんせい》がよかった？
さらさら
キラ
まきっぺ
わたしはこんな先生《せんせい》
知的《ちてき》ミステリアス
もっちん
わたしはこんな先生《せんせい》
お姉《ねえ》さん系《けい》
あっきー
わたしはこんな先生《せんせい》
まさやんは？
宇宙人先生《うちゅうじんせんせい》
ピロピロピロピロ
だったらわたしロボット先生《せんせい》
ゾンビ先生《せんせい》もいいかな～
なんのはなし？
やっぱりふつうがいいよね～
みんなの担任《たんにん》の先生《せんせい》→

よくわからない

質問《しつもん》し、しっかり「わかる」のが大切《たいせつ》

学校《がっこう》で、今度《こんど》の遠足《えんそく》についての説明《せつめい》があった。「山《やま》を歩《ある》くので、動《うご》きやすい服《ふく》」「寒《さむ》くなったときや雨《あめ》が降《ふ》ってきたときのための上着《うわぎ》」で来《く》るように、って。でも、そう言《い》われても、よくわからない。

まわりを見《み》ると、みんなわかった顔《かお》をしている。いいや、お母《かあ》さんならわかるだろう……。

家《いえ》に帰《かえ》って、お母《かあ》さんがプリントを見《み》てくれた。「そうか、山《やま》に登《のぼ》るのね。だったら、アウトドア用《よう》のウエアでいいんじゃない？」

去年《きょねん》の夏《なつ》に家族《かぞく》で山登《やまのぼ》りしたときの、かっこいいアウ

トドアウエアを出《だ》してくれた。

すぐわかるのがいいわけではない

遠足《えんそく》の日《ひ》。みんなはいつも学校《がっこう》に行《い》く服《ふく》と同《おな》じだった！アウトドアウエアはかっこいいけれど、自分《じぶん》だけだと超《ちょう》ダサイ。山《やま》といっても、散歩《さんぽ》で歩《ある》けるような気軽《きがる》な山《やま》だったんだ。お母《かあ》さんってば！　早《はや》とちりして……。

でもね、学校《がっこう》でわからなかったときに、あなたが聞《き》けばよかったんだ。

人《ひと》の説明《せつめい》を聞《き》いて、すぐわかるのがいいわけではない。しっかり聞《き》いて、わからないことを見《み》つけて、「ここがわかりません」と伝《つた》えられる人《ひと》が、しっかり「わかる」人《ひと》なんだよ。

コラム❶

小学校《しょうがっこう》のフシギ

　小学校《しょうがっこう》には、フシギがある。同《おな》じ小学生《しょうがくせい》なのに、1年生《ねんせい》はちっちゃくて走《はし》るのもよちよちしているのに、6年生《ねんせい》は大《おお》きくて大人《おとな》みたいで走《はし》る姿《すがた》は風《かぜ》のように速《はや》くてかっこいい。

　お兄《にい》さんたちには、お父《とう》さんみたいに声《こえ》ががらがらの人《ひと》もいるし、先生《せんせい》よりも背《せ》が高《たか》い人《ひと》もいる。お姉《ねえ》さんたちには、お母《かあ》さんみたいにやわらかい体《からだ》つきでいい匂《にお》いがする人《ひと》もいる。

　学校《がっこう》で6年生《ねんせい》のクラスの前《まえ》を通《とお》ると、とてもむずかしい勉強《べんきょう》をしているみたいだし、友《とも》だちどうしで話《はな》している内容《ないよう》は大人《おとな》みたいにスマートだ。

　フシギだよね！　5年前《ねんまえ》には、その6年生《ねんせい》たちも新《あたら》しいランドセルをしょってお父《とう》さんやお母《かあ》さんに付《つ》き添《そ》われて学校《がっこう》に来《き》たんだ。6年生《ねんせい》は、小学校《しょうがっこう》にいるあいだにどれだけたくさん遊《あそ》んだり勉強《べんきょう》したりして、あんなに大《おお》きくなれたんだろう。

　あなたも、何年《なんねん》かすると、大人《おとな》みたいな6年生《ねんせい》になるんだよね。フシギで楽《たの》しみだね。

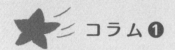

11

友《とも》だちがいやなことをする 黙《だま》ってがまんする？

友《とも》だちが、ゲームのやり方《かた》を教《おし》えてくれない。「〇〇ちゃんちは、オカネモチだから」なんて、言《い》われたくないことを言《い》う。友《とも》だちなのに、私《わたし》がいやがっていること、どうしてわかってくれないんだろう。なぜ意地悪《いじわる》するんだろう——。

悲《かな》しい思《おも》いをすることがあるよね。「やめてよ」と心《こころ》で思《おも》っていても、黙《だま》ってがまんしてしまっていないかな。

でも、言《い》っていいんだよ。自分《じぶん》の気持《きも》ちを言葉《ことば》に出《だ》して伝《つた》えることは、人《ひと》として当《あ》たり前《まえ》のこと。それに、人《ひと》によっていやなことってけっこう違《ちが》うんだ。友《とも》だちも、言《い》われて初《はじ》めて「いやだったんだ」とわかると思《おも》う。

もしかして、友《とも》だちとけんかになるかもしれない。だからといって言《い》わないでいても、何《なに》も変《か》わらない。

受《う》け止《と》めてくれる人《ひと》は必《かなら》ずいる

あなたの言葉《ことば》を受《う》け止《と》めてくれない友《とも》だちもいるだろう。お母《かあ》さんに言《い》ってみても、わかってもらえないかもしれない。

でも、本当《ほんとう》の気持《きも》ちを言葉《ことば》に出《だ》す努力《どりょく》はやめないでほしい。いつか必《かなら》ず、あなたの言葉《ことば》に真剣《しんけん》に耳《みみ》を傾《かたむ》けてくれる友《とも》だちが現《あらわ》れるはずだから。

まきっぴ！
なんでまきっぴって呼《よ》ぶの？
まきっていう名前《なまえ》にぴってつけたらかわいいと思《おも》って
わたしぴはいやなの
じゃあぺ！かわいくないけど
ぺ？ぺがいい！
かわいいのに
かわいくないよ
まきっぺ？あいいかも
まきっぺ！
はい

12 カギがしまっている
近所《きんじょ》の人《ひと》を頼《たよ》ろう

学校《がっこう》から帰《かえ》ってきて、「ただいま〜」と玄関《げんかん》のドアを開《あ》けようとした。でも、開《あ》かない。ピンポンを押《お》しても、誰《だれ》も出《で》てきてくれない！　家《いえ》のなかはシーンとしている。留守《るす》なんだ！　しかも私《わたし》は、今日《きょう》はカギを持《も》っていない。

そういうとき、どうする？　家中《いえじゅう》の窓《まど》を見《み》てまわって、開《あ》いているところがないか、チェックする？　でも、お母《かあ》さんは全部《ぜんぶ》にしっかりカギをかけていっちゃった。

もう、お母《かあ》さん、ひどい！　ベランダだったら、もしかしたら開《あ》いているかな？

そう思《おも》っても、危険《きけん》だから屋根《やね》づたいや隣《となり》のベランダづたいに見《み》に行《い》っちゃ、だめだよ。

日《ひ》ごろからあいさつしていれば

そのまま友《とも》だちの家《いえ》に行《い》っちゃうのも手《て》だけれど、友《とも》だちが家《いえ》にいるかどうかわからないよね。だから、そういうときは、近所《きんじょ》の人《ひと》を頼《たよ》りにすればいいんだ。

いつも仲《なか》よくしている家《いえ》でなくても、あいさつくらいしている家《いえ》の人《ひと》なら、事情《じじょう》を話《はな》せば「じゃあ、うちで待《ま》っていなさい」と言《い》ってくれるだろう。

自分《じぶん》から「お母《かあ》さんが帰《かえ》ってくるまで、待《ま》たせてもらってもいいですか」と言《い》えたら、もっとスムーズにいくはずだよ。

13

夏《なつ》休《やす》みにすべきこと たっぷり遊《あそ》ぼう！

夏休《なつやす》みに入《はい》って一週間《いっしゅうかん》。毎日《まいにち》、何《なに》をして過《す》ごしているかな。学校《がっこう》の宿題《しゅくだい》を済《す》ませてしまった人《ひと》、塾《じゅく》や習《なら》い事《ごと》で忙《いそが》しい人《ひと》。いろいろだろう。

学校《がっこう》のあるときよりも忙《いそが》しい人《ひと》も多《おお》いと思《おも》うけど、夏休《なつやす》みにはたっぷり遊《あそ》べばいいんだ。

夏休《なつやす》みは、勉強《べんきょう》のためにあるんじゃない。家《いえ》でお手《て》伝《つだ》いしたり、ただひたすらぼーっとしたり、家族《かぞく》と夜更《よふ》かししてたくさんおしゃべりしたり、夜中《よなか》にお父《とう》さんと虫取《むしと》りに出《で》かけたり、ふだんは行《い》けないところに行《い》ったり……いつもはできないことがたくさんあるはず。

たっぷり遊《あそ》んで、たっぷり眠《ねむ》る。そして、たっぷりと家族《かぞく》と過《す》ごして家族《かぞく》のために働《はたら》く。あなたたちがいまの年齢《ねんれい》にすべきことは、それに尽《つ》きると思《おも》うよ。

豊《ゆた》かに遊《あそ》べる人《ひと》は人生《じんせい》も豊《ゆた》か

お母《かあ》さんは「高学年《こうがくねん》にもなって遊《あそ》んでばかりいたら、勉強《べんきょう》が間《ま》に合《あ》わない」なんて言《い》うかもしれない。けれど、自分《じぶん》のしたいことを見《み》つけて、楽《たの》しく遊《あそ》ぶ力《ちから》は、いまのうちにちゃんと遊《あそ》んでおかないと身《み》につかない。

自分《じぶん》らしく豊《ゆた》かに遊《あそ》べる人《ひと》は、大学生《だいがくせい》、社会人《しゃかいじん》になってからも、豊《ゆた》かに学《まな》び、豊《ゆた》かに生《い》きられる人《ひと》になるだろう。

ただし、ゲームばっかりではだめだよ。

14

「花火《はなび》大会《たいかい》、いっしょに行《い》こうね」

約束《やくそく》は守《まも》ろう

毎年《まいとし》、近《ちか》くで花火大会《はなびたいかい》がある。友《とも》だちが「何時《なんじ》に待《ま》ち合《あ》わせする？」って電話《でんわ》してきた。そういえば、夏休《なつやす》みに入《はい》る前《まえ》に「いっしょに行《い》こうよ」と誘《さそ》ってくれたんだった。そのとき、いつも親戚《しんせき》が集《あつ》まって行《い》くのに、誘《さそ》ってくれたのに断《ことわ》るのも悪《わる》いから、「うん、いいよ」って返《へん》事《じ》をしちゃったんだっけ。

どうしよう。一年《いちねん》ぶりに会《あ》ういとこも来《く》るし、そのあとレストランに行《い》くことになっているし。

「ごめん」って断《ことわ》ったら、友《とも》だちが泣《な》いちゃった。いっしょに行《い》く子《こ》がいないんだって。

できない約束《やくそく》はしない

つい断《ことわ》れなくて「うん」って約束《やくそく》しちゃうことがあるよね。でも、これでは楽《たの》しみにしていた友《とも》だちに悪《わる》いよ。最初《さいしょ》から行《い》けそうもないってわかっているんだから、その場《ば》しのぎで「うん」って約束《やくそく》するのは、やめようよ。

どんな場合《ばあい》でも、できない約束《やくそく》はしないほうがいいんだ。「明日《あした》までに本《ほん》を読《よ》んで返《かえ》すから」とか「必《かなら》ず四時《よじ》に行《い》くから待《ま》ってて」とか、気楽《きらく》に言《い》う前《まえ》に、「本当《ほんとう》に、できるかな」と考《かんが》えてみよう。

今日《きょう》何時《なんじ》にする？
親《しん》せきと集《あつ》まって行《い》くのごめんね
ううんいいよ
つぎの日《ひ》
まきもう帰《かえ》る
ママ
明日《あした》四時《じ》に公園《こうえん》で待《ま》っててかならず本《ほん》返《かえ》すから
肩《かた》ぐるまする？
おっとっとっと
きゃー

15

きょうだいに腹《はら》が立《た》つ

ぶつかりもするけれど特《とく》別《べつ》な存《そん》在《ざい》

お姉《ねえ》ちゃんなんて、大《だい》きらい。いつもいばっていて、命令《めいれい》ばっかりする。弟《おとうと》なんて、いなくなればいいのに。すぐに泣《な》くし、お母《かあ》さんは私《わたし》にはお手伝《てつだ》いしなさいって言《い》うのに、弟《おとうと》には甘《あま》いんだから。妹《いもうと》なんて、うざい。お母《かあ》さんの口《くち》まねをして、「顔《かお》を洗《あら》ってない」とか「靴《くつ》下《した》が脱《ぬ》ぎっぱなし」とか、自分《じぶん》はどうなんだよ……。

そんなふうに、きょうだいに腹《はら》が立《た》つことって、あるよね。

お父《とう》さんやお母《かあ》さんは、「きょうだいなんだから、仲よくしなさい」って言《い》うけれど、性格《せいかく》が合《あ》わないんだから、しかたがないじゃない。私《わたし》だって、本当《ほんとう》は仲《なか》よしのきょうだいが、うらやましいのに。そう思《おも》う人《ひと》もいるだろう。

きょうだいって、不思議《ふしぎ》だ。同《おな》じ親《おや》から生《う》まれたのに、性格《せいかく》も顔《かお》も全然《ぜんぜん》違《ちが》う。毎日《まいにち》、そばにいるから、ぶつかる場面《ばめん》が多《おお》くなる。――昔《むかし》から、「きょうだいは、他人《たにん》の始《はじ》まり」なんて言《い》われる。きょうだいであっても、けっきょくは他人《たにん》なんだよね、という感《かん》じ。

それでもいつか、あなたが人生《じんせい》の危機《きき》に出合《であ》ったとき、きょうだいがそっと支《ささ》えてくれるだろう。

何十年後《なんじゅうねんご》かに親《おや》が年《とし》をとったとき、きょうだいだからこそ、親《おや》と暮《く》らした毎日《まいにち》が楽《たの》しかったことをなつかしく話《はな》し合《あ》える。「きょうだいがいて、よかった」と思《おも》えるよ、きっと。

これでカールすると パーマかけたみたいに なるのよ
もっちんのおねえちゃん
このままで いい
もっちん
わたしで 実験《じっけん》して るのよ
おねえちゃんなんて だいきらい
まきっぺが ひとりっこで うらやましい
わたしは おねえちゃん うらやましい けどなあ
じゃあ まきっぺ これやる?
うん
わあ かわいい!
つけまもして つけま

16 お盆《ぼん》には ご先祖《せんぞ》さまの霊《れい》が帰《かえ》ってくる

八月《はちがつ》の半《なか》ばには、「お盆休《ぼんやす》み」があってみんながお墓《はか》参《まい》りをしたり、お祭《まつ》りがあって「盆踊《ぼんおど》り」をしたりする。お盆《ぼん》には、ご先祖《せんぞ》さまの霊《れい》が帰《かえ》ってくるから、お迎《むか》えしたりいっしょに過《す》ごしたりしよう！　という行事《ぎょうじ》がいろいろあるんだよね。

あなたの家《いえ》では、お盆《ぼん》に何《なに》かしたかな？

「我《わ》が家《や》のお盆《ぼん》」がある人《ひと》は、幸《しあわ》せだね。お父《とう》さん、お母《かあ》さんからやり方《かた》を教《おそ》わって、いつか自分《じぶん》の家族《かぞく》を持《も》つようになったら、今度《こんど》はあなたがお盆《ぼん》の行事《ぎょうじ》を続《つづ》けていこう。

とくに何《なに》もしなかった人《ひと》は、あらためて、考《かんが》えてみよう。お盆《ぼん》にご先祖《せんぞ》さまが帰《かえ》ってくるのは、うれしいことかな。あなたもいつか、ひまごのご先祖《せんぞ》さまになったとき、ひまごのところに帰《かえ》ってきたいと思《おも》うかな。

世界《せかい》のどんな地域《ちいき》にも、ご先祖《せんぞ》さまと仲《なか》よくする行《ぎょう》事《じ》があるよ。たとえば、ハロウィーンは、古代《こだい》ケルト人《じん》のお盆《ぼん》のような行事《ぎょうじ》なんだ。

なぜ人《ひと》は、いまいっしょにいる家族《かぞく》だけでなく、ご先《せん》祖《ぞ》さまと仲《なか》よくしたいと願《ねが》うのだろう。死《し》んだ人《ひと》なのに、「こわい」と感《かん》じるのではなくて、「守《まも》ってくれる」と感《かん》じるのだろう。

あなたは、ひまごのところに帰《かえ》ってきたら、何《なに》をしてあげたいと思《おも》うだろうか。

ご先祖《せんぞ》さまはいつ帰《かえ》ってくるの？
もう帰《かえ》ってるよ
え〜どこ？
まきっぺまた大《おお》きくなったね
おいたいへんだ
まきっぺに悪霊《あくりょう》がついてるぞ
キェー
わー
わー
みんながんばれー

17

食《た》べ物《もの》の好《す》ききらい
一度《いちど》だけで決《き》めないで

一度《いちど》、食《た》べてみたら全然《ぜんぜん》おいしくなくて、きらいになっちゃったものはある？　お漬物《つけもの》とか、お刺《さ》し身《み》とか。

私《わたし》の場合《ばあい》は、納豆《なっとう》だった。小《ちい》さいころ何度《なんど》か食《た》べさせられたんだけど、ただ気持《きも》ち悪《わる》いだけ。ネバネバするし、ニオイもちょっと……。それから、ぜったいに手《て》を出《だ》さなくなったんだ。

ところが、もう二十歳《はたち》も過《す》ぎたころに、定食屋《ていしょくや》さんのランチに納豆《なっとう》がついてきた。残《のこ》すのは、なんだか恥《は》ずかしい。思《おも》い切《き》って口《くち》に入《い》れてみた。

すると、おいしい！　ごはんが進《すす》む！

それからは、体調《たいちょう》が悪《わる》いときほど「だから納豆《なっとう》だ!!」と思《おも》うほどに納豆好《なっとうず》きへの道《みち》、まっしぐらだったんだ。

好《す》ききらいって、不思議《ふしぎ》だね。一度《いちど》だけでは、わからない。昨日《きのう》のことが、今日《きょう》も同《おな》じとは限《かぎ》らない。チャレンジしてだめでも、しばらくして再《さい》チャレンジしたら、なぜかOK《オーケー》ということもある。

だから、あなたも試《ため》してほしい。一度《いちど》だめでも、もう一度《いちど》。それがだめなら、今度《こんど》は時間《じかん》をたっぷりあけてから、もう一度《いちど》。

それで大丈夫《だいじょうぶ》だったら、すばらしい出合《であ》いだったと思《おも》えるよね。

納豆《なっとう》に関《かん》しては、最初《さいしょ》から好《す》きだった人《ひと》よりも私《わたし》はいろいろな面《めん》を知《し》っている気《き》がしているよ。

それ食《た》べおわるまでなんにもしなくていいから!
グリーンピースごはん
なんにもしなくていいんだ~
あ~せいせいする
チクタクチクタク
グリーンピースは一生《いっしょう》食《た》べない!
あら、もっちゃん こんにちは ごめんね今日《きょう》はまきっぺあそべないの
ママの声《こえ》

18

「いっつも」○○しっぱなしの回《かい》数《すう》は？
まずは具《ぐ》体《たい》的《てき》に知《し》ることから

今回《こんかい》は、「ぱなし」の話《はなし》をしよう。「いっつもテレビをつけっぱなし！」と怒《おこ》られれば、「いつもじゃないよ、うっかりしていただけだもん」って言《い》い返《かえ》すことも、あるんじゃないかな。そうすると、お母《かあ》さんはもっと怖《こわ》い顔《かお》をして、「いつもでしょう！　お母《かあ》さんは、何度《なんど》も見《み》て見《み》ぬふりをしてきたんだから」って言《い》うんだよね。

さて、こういう場合《ばあい》は、科学的研究《かがくてきけんきゅう》のチャンスだ。目的《もくてき》と方法《ほうほう》をもって、知《し》ることにしよう。印象《いんしょう》や感情《かんじょう》で決《き》めつけず、きちんと起《お》きていることを調《しら》べて、それに基《もと》づいて判断《はんだん》するんだ。

「ぱなし」の科学的研究《かがくてきけんきゅう》の第一歩《だいいっぽ》は、三日間《みっかかん》、テレビの「ぱなし」を記録《きろく》しよう。いつ、誰《だれ》が、「ぱなし」にしたか。

すると、こんなことがわかってくる。「お父《とう》さん＝一日目《いちにちめ》夜七時半《よるしちじはん》、夜十時《よるじゅうじ》、二日目夜九時《ふつかめよるくじ》、三日目夜九時《みっかめよるくじ》十分《じっぷん》」、「私《わたし》＝一日目夜八時半《いちにちめよるはちじはん》、二日目夜八時《ふつかめよるはちじ》」、「お母《かあ》さん＝一日目朝七時《いちにちめあさしちじ》、二日目夕方六時《ふつかめゆうがたろくじ》、三日目夕方五時半《みっかめゆうがたごじはん》」。さて、この結果《けっか》から、あなたならお母《かあ》さんにどういう説明《せつめい》をするだろう？　ヒントは、「お母《かあ》さんだって、テレビ、つけっぱなしにしているじゃない」では、ちょっと足《た》りないんだ。お母《かあ》さんと、ほかの家族《かぞく》の「ぱなし」の時間帯《じかんたい》に注目《ちゅうもく》してみよう。

わはは
あはは
おわらい
ばんぐみで
わらったかず
パパ 20
ママ 23
ふたりとも
わらいっぱなしね
パチン
ママ
お湯《ゆ》わいてたから
止《と》めておいたよ
あら
ありがとう

友《とも》だちの家《いえ》にお泊《と》まり
5つのルール

仲《なか》よしの友《とも》だちの家《いえ》にお泊《と》まりだ！　翌日《よくじつ》、帰《かえ》るときに、おうちの人《ひと》が「また来《き》てね」って送《おく》り出《だ》してくれるように、ルールを守《まも》って気持《きも》ちよく過《す》ごそう！

ルール①　その家《いえ》のルールに合《あ》わせる

家《いえ》にはそれぞれのルールがある。「うちでは、違《ちが》うのに」なんて言《い》わずに、その家《いえ》のお父《とう》さん、お母《かあ》さんの言《い》うことを守《まも》ろう。たとえば、「食事《しょくじ》のときはテレビを消《け》す」とかね。

ルール②　おうちの人《ひと》を手伝《てつだ》う

食事《しょくじ》のあとに食器《しょっき》を下《さ》げたり、布団《ふとん》を敷《し》くときに手《て》伝《つだ》ったり。ほかにもいろいろ手伝《てつだ》えることがあるはずだ。

ルール③　トイレやお風呂《ふろ》はきれいに使《つか》う

自分《じぶん》の家《いえ》でもそうだけど、よその家《いえ》ではとくに気《き》をつけよう。使《つか》った後《あと》に振《ふ》り返《かえ》ってチェック。洗面所《せんめんじょ》や玄関《げんかん》も同《おな》じだよ。

立《た》つ鳥跡《とりあと》を濁《にご》さず

ルール④　帰《かえ》る前《まえ》には最終《さいしゅう》チェックをする

帰《かえ》る前《まえ》に、借《か》りたタオルが放《ほう》りっぱなしになっていたり、歯《は》ブラシを置《お》き忘《わす》れたりしていないか、最終《さいしゅう》チェックをしよう。

ルール⑤　帰《かえ》るときにはお礼《れい》を忘《わす》れずに

お礼《れい》といっしょに「すごく楽《たの》しかった」なんて伝《つた》えると、おうちの人《ひと》はきっとうれしいよね。

飛《と》び出《だ》すな！ 車《くるま》は動《うご》く鉄《てつ》のカタマリ

交通《こうつう》ルールなんて、よく知《し》っているよね。でも、一度《いちど》や二度《にど》はひやっとした経験《けいけん》が、あなたにもあるんじゃないかな。たとえ自分《じぶん》はルールを守《まも》っていても、乱暴《らんぼう》な運《うん》転《てん》の車《くるま》が飛《と》び出《だ》してきて、怖《こわ》い思《おも》いをした人《ひと》もいると思《おも》う。

車《くるま》のドライバーがまわりをきちんと見《み》ていると思《おも》っては、ぜったいにダメだ。ドライバーは、信号《しんごう》とか路《ろ》上駐車《じょうちゅうしゃ》の車《くるま》とかを見《み》ていて、あなたを見《み》ていない。夕《ゆう》方薄暗《がたうすぐら》いときなど、姿《すがた》が見《み》えないことも、よくある。

車《くるま》はあなたをよけてくれない。そう思《おも》うと、安全《あんぜん》のために自分《じぶん》が交通《こうつう》ルールを守《まも》るしかないことが、わかるよね。

不注意《ふちゅうい》が重《かさ》なると事故《じこ》になる

事故《じこ》の法則《ほうそく》、知《し》っているかな。交通事故《こうつうじこ》は、片方《かたほう》が不《ふ》注意《ちゅうい》なだけなら起《お》こらないんだ。もう片方《かたほう》が危険《きけん》を避《さ》ければ大丈夫《だいじょうぶ》。だけど、自分《じぶん》と相手《あいて》が同時《どうじ》に不注意《ふちゅうい》なときには、事故《じこ》になる。あなたが塾《じゅく》に遅《おく》れそうであわてているなら、それだけで事故《じこ》に遭《あ》う確率《かくりつ》が高《たか》くなる。

車《くるま》を運転《うんてん》する私《わたし》の友《とも》だちが「子《こ》どもは動《うご》く赤信号《あかしんごう》」と言《い》っていた。私《わたし》は「車《くるま》は動《うご》く鉄《てつ》のカタマリ」と思《おも》う。そのまんまだね。ただ、相手《あいて》が鉄《てつ》のカタマリと思《おも》えば、注意深《ちゅういぶか》くなれるんじゃないかな。

少年《しょうねん》たんてい団《だん》
少年たんてい
ゴーー
ププーー
ドキ
ゴリゴリ
ほかでやりなよー
いてて
そこ車道《しゃどう》なの
あ…すみません

コラム❷

小《しょう》学《がっ》校《こう》のシアワセ

小学校《しょうがっこう》には、シアワセがたくさんある。いちばんの幸《しあわ》せは、給食《きゅうしょく》だ。毎日《まいにち》、ほかほかのごはんがちゃんと人数分《にんずうぶん》出《で》てくる。足《た》りなくなってお昼《ひる》ごはんを食《た》べられない人《ひと》は誰《だれ》もいないんだから、すごいね。行事《ぎょうじ》に合《あ》わせたメニューも作《つく》ってくれるんだよね。

苦手《にがて》なメニューもあるかもしれないけど、食《た》べているうちに好《す》きになってくるかもしれないよ。お父《とう》さんに小学校《しょうがっこう》の給食《きゅうしょく》の思《おも》い出《で》を聞《き》いてみよう。「あれ、苦手《にがて》だったなあ、なつかしいなあ」なんて、嬉《うれ》しそうに話《はな》してくれるかもね！

ほかにはどんなシアワセがあるかな。休《やす》み時間《じかん》は、短《みじか》くても長《なが》くても全力《ぜんりょく》で遊《あそ》んじゃうよね。運動会《うんどうかい》や学芸会《がくげいかい》の準備《じゅんび》も楽《たの》しいし、遠足《えんそく》のお弁当《べんとう》もシアワセだ。

テストはいやだけど、終《お》わったらシアワセ！　夏休《なつやす》みの初日《しょにち》なんかも、最高《さいこう》にシアワセだね。夏休《なつやす》みの最後《さいご》の日《ひ》は、どうだろう？　休《やす》みが終《お》わっちゃって悲《かな》しい人《ひと》もいるだろうし、学校《がっこう》が始《はじ》まるからシアワセな人《ひと》もいるだろう。自分《じぶん》なりの幸《しあわ》せをたくさん見《み》つけられるといいね。

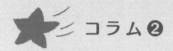

21

秋《あき》のもの

名《な》前《まえ》を知《し》れば親《した》しみが増《ま》す

空《そら》を見《み》上《あ》げると、抜《ぬ》けるような青空《あおぞら》に秋《あき》らしい雲《くも》！秋《あき》だなあと感《かん》じる瞬間《しゅんかん》だね。地面《じめん》を見《み》ると、なんだか知《し》らない花《はな》が咲《さ》いている。秋《あき》になると、夏《なつ》とは違《ちが》った花《はな》が咲《さ》き始《はじ》める。雲《くも》も花《はな》も、見《み》たことはあっても、名前《なまえ》を知《し》っているだろうか。

どんな人《ひと》にも名前《なまえ》があるように、どんなものにも名前《なまえ》がある。名前《なまえ》をつけた人《ひと》がいて、そんな名前《なまえ》になったわけがある。だからかな、「小《ちい》さくてたくさんある雲《くも》」と言《い》うよりも、「いわし雲《ぐも》」と言《い》うほうが雲《くも》とも空《そら》とも親《した》しくなれる気《き》がする。名前《なまえ》を覚《おぼ》えることで、世界《せかい》が自分《じぶん》のものになっていくようだ。親《した》しい友《とも》だちだけでなく、クラス全員《ぜんいん》の名前《なまえ》を覚《おぼ》えたら、「自分《じぶん》のクラスだなあ」と思《おも》えてくるのと同《おな》じだね。

虫博士《むしはかせ》や星博士《ほしはかせ》のように、ものすごくくわしくならなくてもいいんだ。見慣《みな》れたものの名前《なまえ》を調《しら》べて、覚《おぼ》えてみよう。

秋《あき》の雲《くも》は、「いわし雲《ぐも》・うろこ雲《ぐも》」「ひつじ雲《ぐも》」「巻雲《けんうん》」が代表選手《だいひょうせんしゅ》。秋《あき》の花《はな》は「萩《はぎ》、尾花《おばな》（ススキ）、葛《くず》、撫子《なでしこ》、オミナエシ、藤袴《ふじばかま》、キキョウ」を「秋《あき》の七草《ななくさ》」として覚《おぼ》えるといいね。ついでに、秋《あき》の虫《むし》といえば、鳴《な》き声《ごえ》の美《うつく》しい虫《むし》。あなたは、どれだけ知《し》っているだろう？

巻雲《けんうん》
わあ バッタだ
セシルカット
なんていうバッタかな
おかっぱ
ウリクサ
天《てん》
花《はな》ぎれ
虫《むし》図鑑《ずかん》
虫《むし》図《ず》鑑《かん》
背文字《せもじ》
みぞ
あ あった
爪甲《そうこう》
ルヌーラ
あまかわ
オンブバッタだって

22

女子《じょし》たちへ❶

体《からだ》を冷《ひ》やさないこと

女子《じょし》として生《う》まれたあなたに、どうしても伝《つた》えたいことがある。どうか、自分《じぶん》の体《からだ》を大切《たいせつ》にしてほしい。

まずは何《なに》より、体《からだ》を冷《ひ》やさないこと。とくに、おなかやお尻《しり》を冷《ひ》やさないように。冷《つめ》たい地面《じめん》に座《すわ》ったり薄《うす》い下着《したぎ》で過《す》ごすのは、体《からだ》に悪《わる》いよ。それから、体重《たいじゅう》が気《き》になっても、食事《しょくじ》はしっかり食《た》べること。

これから先《さき》、あなたの体《からだ》は女性《じょせい》らしくなっていく。夜遅《よるおそ》くに一人《ひとり》で外《そと》を歩《ある》いたり、よく知《し》らない男子《だんし》と気軽《きがる》に遊《あそ》んだりしないこと。

あなたの体《からだ》はあなただけのものではない

なんだか古《ふる》くさいお説教《せっきょう》みたいだけれど、本気《ほんき》だよ。

あなたが自分《じぶん》の体《からだ》を大切《たいせつ》にすることは、あなたを産《う》んでくれたお母《かあ》さんを大切《たいせつ》にすること。そして、あなたがこれからつないでいく命《いのち》を大切《たいせつ》にすることでもあるんだ。

私《わたし》は、大学生《だいがくせい》のときに、ロシアを旅行《りょこう》したことがある。寒《さむ》い外《そと》で、ふと階段《かいだん》に座《すわ》ったら、ロシア人《じん》の若《わか》い女《おんな》の人《ひと》に「そんなところに座《すわ》ってはいけません。子《こ》どもが産《う》めなくなります」と、しかられたんだ。

いつもお母《かあ》さんに言《い》われていることだったから、びっくりした。そして、すごく心《こころ》に響《ひび》いたんだ。大事《だいじ》なことなんだ、ってね。

まきっぺの未来《みらい》のだんなさま
サラサラヘアーで目《め》がきれいでえがおのすてきな人《ひと》
赤《あか》ちゃんは女《おんな》の子《こ》
フワフワした天使《てんし》みたいな女《おんな》の子《こ》なのよ
もっちんの未来《みらい》のだんなさまと赤《あか》ちゃん
横《よこ》わけで読書《どくしょ》が好《す》きなんだけどちょっとワイルド
赤《あか》ちゃんは元気《げんき》な男《おとこ》の子《こ》
ワイルド〜？
まじめなだけじゃないかんじ

23

男子《だんし》たちへ❶ 本当《ほんとう》に強《つよ》い人《ひと》になろう

男子《だんし》として生《う》まれたあなたには、こんな人《ひと》になってほしい。強《つよ》さを鼻《はな》にかける人《ひと》を恐《おそ》れない人《ひと》に、あなたよりも弱《よわ》い人《ひと》を助《たす》けてあげられる人《ひと》に。

これからあなたは、中学生《ちゅうがくせい》、高校生《こうこうせい》になり、どんどん体《からだ》が強《つよ》くなっていく。人生《じんせい》でいちばん体力《たいりょく》がある時期《じき》だし、老人《ろうじん》や女子《じょし》よりも力《ちから》がある場合《ばあい》も多《おお》いだろう。

その強《つよ》さは、何《なん》の役《やく》に立《た》つのだろう。いじめられないこと？ 人《ひと》に勝《か》つこと？

私《わたし》は、強《つよ》さは、人《ひと》に優《やさ》しくなるためにあると思《おも》うんだ。いばったり、力《ちから》でねじふせたりするためにあるんじゃないと。

あなたの〝助《たす》け〟が必要《ひつよう》とされる

クラスで誰《だれ》かをいじめている子《こ》がいるとする。「やめろよ」と言《い》う勇気《ゆうき》を持《も》つのは、むずかしいよね。それはそれでいい。でも、いじめられている子《こ》に手《て》を差《さ》し伸《の》べることはできるんじゃないかな。

では、電車《でんしゃ》のなかで、小《ちい》さな子《こ》やお年寄《としよ》りに席《せき》を譲《ゆず》るのは？ いいことだからするんじゃなくて、あなたよりも体《からだ》が弱《よわ》い人《ひと》に対《たい》して、あなたができる〝助《たす》け〟なんだよね。

まわりをよく見《み》てみよう。あなたよりも弱《よわ》い人《ひと》はたくさんいる。あなたは、どんな助《たす》けができるだろうか。

いたい
いたい
なにやってんの
プロレスだよ
おれもいれて
いいよ
タッチ
さあやろうぜ
帰《かえ》る
帰《かえ》る
3人《にん》もいてびびったね
ありがとう

24

よその家《いえ》にボールが！
全員《ぜんいん》でいっしょに謝《あやま》れば……

道路《どうろ》で友《とも》だちとボールで遊《あそ》んでいたら、××くんの蹴《け》ったボールがよその家《いえ》に入《はい》っちゃった。ブロック塀《べい》に囲《かこ》まれた庭《にわ》のなかだ。知《し》らない家《いえ》だから、みんな、どうしたらいいか困《こま》ってしまった。

　すると、○○くんは、こう言《い》うんだ。「ボールを蹴《け》ったのは××くんなんだから、俺《おれ》たちは関係《かんけい》ないよ。責任《せきにん》取《と》れよ」。△△くんは「俺《おれ》、いっしょに行《い》ってやってもいいけど、お礼《れい》をよこせよ」。◎◎ちゃんは「えー、みんなひどいよ。××くん、塀《へい》を乗《の》り越《こ》えてそっと庭《にわ》に入《はい》れば、家《いえ》の人《ひと》にはわからないよ、きっと」。

　うーん、あなたなら、なんて言《い》う？　××くんにしてあげられることがあるかな？

　子《こ》どものころの私《わたし》なら、◎◎ちゃん派《は》だったかもしれない。でも、いまの私《わたし》は、大人《おとな》として「こうすればいいのに！」という提案《ていあん》がある。

　正面《しょうめん》から玄関《げんかん》ベルを押《お》して、家《いえ》の人《ひと》がいたら「すみません、ボールを取《と》らせてください」と頼《たの》めばいいんだ。そのとき、ボール遊《あそ》びをしていた全員《ぜんいん》がいっしょに行《い》くと、好感度《こうかんど》がすごくアップするよ。

　失敗《しっぱい》は、誰《だれ》でもする。大人《おとな》だって、失敗《しっぱい》をたくさんしてきた。だから、子《こ》どもの気持《きも》ちもわかるはずだよ。かっこよく謝《あやま》れるといいね。

ボール
方法《ほうほう》はふたつ
上《うえ》から取《と》る
もっとまえ
下《した》から取《と》る
これ以外《いがい》ちょっと思《おも》いつかないわ

25

スマホがほしい！
いいものか、悪《わる》いものか大人《おとな》になって決《き》めればいい

あなたは、スマホがほしい？　でも、家《いえ》では「高校生《こうこうせい》になったらね」なんて、持《も》たせてもらえない？　それとも、もう持《も》っている？

学校《がっこう》では「スマホの危《あぶ》ないところ」を習《なら》ったりしているよね。それに、LINE《ライン》で「既読無視《きどくむし》」をすると仲間《なかま》はずれになる、なんていううわさも聞《き》く。スマホは悪《わる》いのかな。でも、大人《おとな》はみんな使《つか》っているじゃない。子《こ》どもにだけ「使《つか》っちゃダメ」なんて、不公平《ふこうへい》だ！

あなたがそう思《おも》うのは、とても自然《しぜん》なこと。大人《おとな》たちも正直《しょうじき》なところ、「スマホはいいものなのか、悪《わる》いものなのか」がわからないんだ。でも、とても便利《べんり》だから、「きっといいものなんだ」と信《しん》じて、上手《じょうず》に使《つか》いこなそうとしている。

子《こ》どもに「ダメ」と言《い》うのは、だからなんだよね。スマホは、大人《おとな》もいい悪《わる》いを決《き》めかねるもの。だから、子《こ》どものうちは「なし」にしておいたほうが、安心《あんしん》だ。大人《おとな》になれば、自分《じぶん》の頭《あたま》で「私《わたし》は使《つか》おう」「私《わたし》はやめておこう」を考《かんが》えられるから、自分《じぶん》で決《き》めればいい。

スマホがほしいなら、あなたも早《はや》く大人《おとな》になるしかない。では、何歳《なんさい》なら大人《おとな》なのか。

それも含《ふく》めて、自分《じぶん》で考《かんが》えられるようになったときが、「大人《おとな》」ってことじゃないかな。

おやつあるよ
好《す》きなおやつ
ちびっこスナック
ママ
おやつはいらない
コーヒーがのみたいわ
あブラックでね
わたしももう大人《おとな》だから〜
スマホはまだいらないからね
ぎく
コーヒーをのみながらスマホをいじっているつもり
にが

26

ごみ箱《ばこ》がない どこに捨《す》てる？

最初《さいしょ》に問題《もんだい》を出《だ》そう。公園《こうえん》や駅《えき》のような公共《こうきょう》の場所《ばしょ》で、ガムを食《た》べたり鼻《はな》をかんだりして、紙《かみ》くずが出《で》た。まわりを見回《みまわ》しても、ごみ箱《ばこ》がない。さて、あなたはどうする？

①お母《かあ》さんに「はい、ごみ」と言《い》って渡《わた》す。

②自分《じぶん》のポケットにしまう。

③ほかのごみが落《お》ちているあたりにそっと落《お》としておく。

正解《せいかい》を答《こた》えてほしいんじゃない。あなたがふだんどうしているかを考《かんが》えてほしい。いつも①、という人《ひと》もたくさんいるだろう。もしかしたらたまには③をしちゃう

人《ひと》もいるかもしれない。
街《まち》なかで紙《かみ》くずが出《で》たら、自分《じぶん》のポケットやカバンのなかにしまっておいて、家《いえ》に帰《かえ》ったらごみ箱《ばこ》にきちんと捨《す》てる。これ、常識《じょうしき》だよね。

ごみはきれいに始末《しまつ》する

人間《にんげん》が生活《せいかつ》するとどうしてもごみが出《で》る。そのとき、どのように捨《す》てるかも、とても大事《だいじ》なことだ。

ガムをそのままポトンとごみ箱《ばこ》に入《い》れていないか。鼻《はな》血《ぢ》のついたティッシュをそのままごみ箱《ばこ》に入《い》れていないか。ごみ箱《ばこ》を掃除《そうじ》する人《ひと》の手《て》についたら、きっといやだよね。

汚《よご》れた部分《ぶぶん》を内側《うちがわ》にして捨《す》てる、小《ちい》さくたたんで捨《す》てる。家《いえ》でも学校《がっこう》でもやってみてほしい。

いましようと思《おも》っていたのに

先《さき》回《まわ》りして備《そな》えよう

お母《かあ》さんって、どうしてこう先回《さきまわ》りするんだろう、っていやになることない？

朝《あさ》、「上着《うわぎ》、着《き》ていこうかな」と、迷《まよ》っていたら、「寒《さむ》いから、上着《うわぎ》を着《き》て」と先《さき》に言《い》われちゃう。夜《よる》、テレビを見《み》ながら「そろそろ宿題《しゅくだい》しなきゃ」と思《おも》っていたら、「宿題《しゅくだい》はしたの？　まだでしょ」と言《い》われちゃう。

それで、「いましようと思《おも》っていたのに」と言《い》うと、「だって、していないじゃない」とか「口《くち》ごたえしないでさっさとしなさい」とか、しかられる。

子《こ》どもだって、言《い》われてするのはいやなのにね。どうして、信頼《しんらい》して任《まか》せてくれないんだろう。

うるさく言《い》うお母《かあ》さんの気持《きも》ちは？

それはね、お母《かあ》さんが家《いえ》にいるから。あなたのそばにいて、あなたが目《め》に入《はい》るから。目《め》に入《はい》ったら、何《なに》か言《い》いたくなるのが親《おや》なんだ。たとえば家《いえ》がレストランで、お母《かあ》さんが忙《いそが》しく働《はたら》いていたら、夕方《ゆうがた》、あなたがテレビを見《み》ていても、いちいちしかられないだろう。あなたのほうから、「もっと心配《しんぱい》してよ～」と言《い》いたくなったりして。うるさく言《い》われるのは、幸《しあわ》せなことかもね。

一度《いちど》、お母《かあ》さんの目《め》に入《はい》るタイミングに、あなたが先《さき》回《まわ》りして備《そな》えてごらん。二《に》、三回《さんかい》、「もう宿題《しゅくだい》したよ」と返事《へんじ》ができれば、お母《かあ》さんも安心《あんしん》して、先回《さきまわ》りして言《い》わなくなるはずだよ。

そろそろ宿題《しゅくだい》やろうかな～
宿題《しゅくだい》はじめる
ピピピ
宿題《しゅくだい》やんなきゃメーター
じゃがいもん
ドクロけいじ
おならキング
まんじゅうくん
まだいいかな～あと10分《ぷん》
チクタク
オバケマン
ママ→
あれ、もう10分《ぷん》たっちゃったじゃああと5分《ふん》・・・
がまんの限界《げんかい》
ピピピピピピ
宿題《しゅくだい》はしたのかしらメーター

28

片《かた》づけをしよう❶ 全部《ぜんぶ》、取《と》り出《だ》し 使《つか》わない物《もの》を選《えら》ぶ

もうすぐ新学期《しんがっき》。新学年《しんがくねん》に向《む》けて、部屋《へや》や机《つくえ》の片《かた》づけを、少《すこ》しずつやっていこう。

片《かた》づけは、手順《てじゅん》さえ覚《おぼ》えれば簡単《かんたん》だよ。机《つくえ》の片《かた》づけを例《れい》に、やってみよう！　用意《ようい》する物《もの》は、燃《も》やせるごみ用《よう》と燃《も》やさないごみ用《よう》のごみ袋《ぶくろ》。掃除機《そうじき》、ぞうきんだ。

①机《つくえ》の上《うえ》の物《もの》、引《ひ》き出《だ》しのなかの物《もの》を、いったん全部《ぜんぶ》、取《と》り出《だ》して床《ゆか》の上《うえ》に置《お》く。

②引《ひ》き出《だ》しの隅《すみ》にたまったホコリや消《け》しゴムかすを掃《そう》除機《じき》で吸《す》い取《と》る。それから、机全体《つくえぜんたい》をきれいに拭《ふ》く。固《かた》くしぼったぬれぞうきんがオススメだ。

③床《ゆか》の上《うえ》に置《お》いた物《もの》を分類《ぶんるい》する。分《わ》け方《かた》は……。

a **来年度《らいねんど》も使《つか》う物《もの》**＝机《つくえ》に戻《もど》すけれど、まずは床《ゆか》に置《お》いておく

b **もう使《つか》わない物《もの》**＝ごみ袋《ぶくろ》を用意《ようい》してどんどん捨《す》てていく

c **思《おも》い出《で》にとっておく物《もの》**＝思《おも》い出専用《でせんよう》の箱《はこ》や引《ひ》き出《だ》しにしまう

きちんと、もう使《つか》わない物《もの》を選《えら》べたかな。分別《ぶんべつ》の決《き》まりどおりに、ごみ袋《ぶくろ》に入《い》れたかな。使《つか》わない物《もの》が交《ま》じっていると、机《つくえ》は使《つか》いにくいんだよね。

④あとは、使《つか》う物《もの》だけを机《つくえ》に戻《もど》していこう。どこに何《なに》を置《お》くと使《つか》いやすいか、考《かんが》えながら置《お》き場所《ばしょ》を決《き》めていこう。

日本《にっぽん》にはたくさんの神《かみ》さまがすんでいます
もちろん片《かた》づけの神《かみ》さまもいます
きれいに片《かた》づけられた部屋《へや》に現《あらわ》れます
その部屋《へや》の人《ひと》が好《す》きな人《ひと》に告白《こくはく》するとき
応援《おうえん》してくれるらしいですよ
自信《じしん》もって！
片《かた》づけしようって

29 片《かた》づけをしよう②

最初《さいしょ》に手放《てばな》すところに置《お》く

前回《ぜんかい》、読《よ》んでくれたあなた。机《つくえ》まわりはきれいになっているだろうか。それとも、「そのうちやろう」って、前《まえ》のままだろうか。今日《きょう》、ここを読《よ》んだら、すぐに片《かた》づけに取《と》りかかってみてほしい。もう片《かた》づけた人《ひと》は、えらい！

今回《こんかい》は、片《かた》づけの知恵《ちえ》をひとつ伝《つた》えておこう。それは、「置《お》き場所《ばしょ》を決《き》めるコツ」だ。

通学《つうがく》カバン、コート、習《なら》い事《ごと》のバッグ、家《いえ》で使《つか》う鉛筆《えんぴつ》。置《お》き場所《ばしょ》なんて、ただ「ここ」って決《き》めればいいだけ、そんなふうに思《おも》っていない？

じつは、物《もの》には「置《お》いてもらいたがっている場所《ばしょ》」がある。たとえば、あなたの通学《つうがく》カバン。子《こ》ども部屋《べや》の机《つくえ》の横《よこ》が「置《お》き場所《ばしょ》」とか、決《き》めているよね。では、毎日《まいにち》、そこに置《お》いているかな。学校《がっこう》から帰《かえ》ったら、リビングや玄関《げんかん》に置《お》きっぱなしになったりしていないかな。

置《お》きっぱなしにしちゃう人《ひと》は、なぜそこに置《お》いてしまうのか、考《かんが》えてみよう。カバンを子《こ》ども部屋《べや》に持《も》っていくのはめんどうくさくて、リビングならポンと置《お》けるからかな？

じつは、カバンを最初《さいしょ》に手《て》から離《はな》す場所《ばしょ》が、置《お》き場所《ばしょ》として便利《べんり》なんだ。わざわざ片《かた》づけに行《い》かなくてもポンと置《お》きやすくて、お母《かあ》さんにしかられない場所《ばしょ》を探《さが》してみよう。

合《あ》わない場所《ばしょ》に置《お》きっぱなしにされた物《もの》はどうなるかしってる?
ううんしらない
まず…、恨《うら》みがましいオーラを出《だ》すんだって…それでもそのままにしておくと……
妖怪《ようかい》になるらしいよ
ごくり
窓《まど》の下《した》で脱《ぬ》いだ長《なが》ぐつ
恨《うら》みがましいオーラ↓
俺《おれ》たちの置《お》き場所《ばしょ》は
ここじゃない〜〜〜

30

片《かた》づけをしよう③
迷《まよ》った物《もの》は「使《つか》わない」物《もの》

まだ、片《かた》づけに手《て》をつけていない人《ひと》はいるかな。始《はじ》めていない人《ひと》は、今度《こんど》こそ取《と》りかかってみよう！　春休《はるやす》みが終《お》わる前《まえ》に、すっきり片《かた》づいた机《つくえ》になっていることを祈《いの》るよ。

どうもうまく片《かた》づけられないでいるあなたのために、片《かた》づけの極意《ごくい》を教《おし》えよう。

前《まえ》に、「もう使《つか》わない物《もの》は、ごみ袋《ぶくろ》を用意《ようい》してどんどん捨《す》てていく」と言《い》ったよね。たぶん、この「使《つか》わない物《もの》」を決《き》めて捨《す》てる作業《さぎょう》が、たいへんなんじゃないかな。「いつか使《つか》う」「とりあえず置《お》いておこう」「ないと困《こま》るかも」「おばあちゃんがくれた物《もの》だし」……いろいろ考《かんが》えると、全部《ぜんぶ》、「使《つか》う物《もの》」「いる物《もの》」に思《おも》えてくるよね。

考《かんが》え始《はじ》めると決《き》められなくなるけど、見極《みきわ》め方《かた》は簡単《かんたん》なんだ。鉛筆《えんぴつ》でも、ノートでも本《ほん》でも、「これは使《つか》うかな」と思《おも》って眺《なが》めて、瞬間的《しゅんかんてき》に「使《つか》う」と思《おも》えたら、使《つか》う物《もの》でOK《オーケー》。パッと、「使《つか》わないな。もういらない」と思《おも》えたら、捨《す》ててOK《オーケー》。

さらに、そのどちらでもなく、「うーん、わからないなあ。どうしよう。置《お》いておこうかな」と迷《まよ》った物《もの》があるはずだ。その「わからない物《もの》」は、「使《つか》わない物《もの》」なんだよ。捨《す》てるのが惜《お》しいから迷《まよ》うだけ。使《つか》わないことはわかっているはずだ。そんなふうに見極《みきわ》めて、片《かた》づけを実行《じっこう》してみてごらん。

別《わか》れるなんて言《い》うなよ
う～ん どうしよう かな・・・
彼《かれ》・・・捨《す》てられるわね

コラム❸

小《しょう》学《がっ》校《こう》のマジック

小学校《しょうがっこう》には、先生《せんせい》や友《とも》だちと仲《なか》よくなれるマジックがある。担任《たんにん》の先生《せんせい》とは、どうしたら仲《なか》よくできるかな。同《おな》じクラスになったけれど、ちょっと苦手《にがて》なタイプの子《こ》とは、どうしたら1年間《ねんかん》、うまくやっていけるかな。

そのためのマジックは、あいさつなんだ。

ちょっと怖《こわ》い感《かん》じの先生《せんせい》でも、校長先生《こうちょうせんせい》や副校長先生《ふくこうちょうせんせい》でも、元《げん》気《き》よくあいさつしてみよう。先生《せんせい》より前《まえ》に、自分《じぶん》からあいさつすると先生《せんせい》とぐっと仲《なか》よくなれるよ。同《おな》じクラスにいる苦手《にがて》なタイプの子《こ》でも、朝《あさ》は「おはよう」、帰《かえ》りは「さよなら」。なにか取《と》ってくれたら「ありがとう」、ぶつかったら「ごめんね」。それだけで心《こころ》の距離《きょり》がぐっと近《ちか》くなる。

明《あか》るくて元気《げんき》な子《こ》は、すぐにみんなと仲《なか》よくなれていいよね。でも、そういう子《こ》でも、最初《さいしょ》は怖《こわ》かったり恥《は》ずかしかったりするのは、みんな同《おな》じ。こちらから話《はな》しかければ、誰《だれ》とでも友《とも》だちになれるものなんだ。

学校《がっこう》の行《い》き帰《かえ》りに会《あ》う、だがしやのおばちゃんにも、交番《こうばん》のおまわりさんにも、こちらから「こんにちは」ってあいさつしてみよう。大人《おとな》にも友《とも》だちが増《ふ》えていくんじゃないかな。

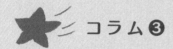

31

風邪《かぜ》かな!? サインに気《き》づいたらすぐに対処《たいしょ》して撃退《げきたい》

なんだか背中《せなか》がぞくぞくする。頭《あたま》が重《おも》くて、手足《てあし》の節々《ふしぶし》が痛《いた》い。それは、風邪《かぜ》のひきかけサインだ！ サインを逃《のが》さずに、うまく風邪《かぜ》をかわす方法《ほうほう》を身《み》につけよう。このタイミングを逃《のが》したら、風邪《かぜ》をしっかりひきこんで、熱《ねつ》が出《で》て寝込《ねこ》むことになっちゃうからね。

ひきかけサインに気《き》づいたら、することリスト。

①薄着《うすぎ》をしていたら、きちんと服《ふく》を着《き》る。首《くび》まわり、背中《せなか》、足首《あしくび》を冷《ひ》やさないように。夏《なつ》でも、木綿《もめん》のマフラーみたいなものを首《くび》に巻《ま》くといいよ。

②温《あたた》かい物《もの》を食《た》べる。お母《かあ》さんに頼《たの》んで、温《あたた》かいうどんやおじや、ホットミルク、ホットはちみつレモン、葛湯《くずゆ》などを作《つく》ってもらおう。体《からだ》の内側《うちがわ》がぽかぽかしてきたら、いい感《かん》じ！

③背中《せなか》を温《あたた》める。ドライヤーで背筋《せすじ》の上《うえ》のほう（首《くび》の下《した》のあたり）を温《あたた》めてみよう。熱《あつ》いくらいが効果的《こうかてき》。

④早《はや》く寝《ね》る。見《み》たいテレビがあっても、今日《きょう》はがまん。晩《ばん》ごはんを食《た》べたら、すぐに寝《ね》てしまおう。朝《あさ》までぐっすり眠《ねむ》れば、もう、ひきかけサインも消《き》えているはず。

もし、お父《とう》さんやお母《かあ》さんが「風邪《かぜ》かなあ、背中《せなか》がぞくぞくする」と言《い》っていたら、あなたがこの「することリスト」を教《おし》えてあげよう。お母《かあ》さんにホットはちみつレモンを作《つく》ってあげたりしたら、感激《かんげき》してそれだけで風《か》邪《ぜ》が治《なお》っちゃうかも！

誰《だれ》かがもっちんのうわさ話《ばなし》をしてるのよ
くしゅん
へーっぷしっ
わたしのことも話《はな》してるのね
ムズムズ
へーぷしっ へーぷしっ へーぷしっ へーぷしっ
そうとうはげしいうわさ話《ばなし》なのかしら
も〜こまっちゃう〜
ぞくぞく
まきっぺ
まきっぺのは風邪《かぜ》だよ
え
フラフラ

32

仲《なか》よくなれない!? 男子《だんし》と女子《じょし》 違《ちが》うところがいい

新《あたら》しいクラスになって一《いっ》か月《げつ》近《ちか》くたつころ。クラスの仲間《なかま》と友《とも》だちになるのは、なかなかたいへんかな?とくに男子《だんし》と女子《じょし》が仲《なか》よくなるのは、ちょっとめんどうだったりするよね。

今回《こんかい》は、男子《だんし》と女子《じょし》とが仲《なか》よくなれるコツを考《かんが》えよう。

男子《だんし》のきみ。女子《じょし》に変《へん》なニックネームをつけていないかな。手《て》が長《なが》いからテナガザルとか。きみからすれば親《しん》愛《あい》の情《じょう》のつもりだろうけど、女子的《じょしてき》にはいやなものだよ。あと、授業中《じゅぎょうちゅう》におもしろいことをしてみんなを笑《わら》わせているきみ。たまにならいいけど、しょっちゅうだと、「また、ふざけてる。メイワク!」なんて思《おも》われちゃうよ。女子《じょし》は、うるさい男子《だんし》が好《す》きじゃないんだ。

女子《じょし》のあなた。女子同士《じょしどうし》仲《なか》がよいのはいいことだけど、女子《じょし》でかたまってないしょ話《ばなし》ばかりしていると、男子《だんし》は「コワッ」と思《おも》っているかもよ。それから、男子《だんし》はさっぱりしているから、男子《だんし》の言《い》ったことやしたことを気《き》にしすぎると、「だから女子《じょし》ってメンドイ」ってことになるかもね。

男子《だんし》も女子《じょし》も同《おな》じ人間《にんげん》だけど、やっぱりちょっと違《ちが》うところがある。だから、仲《なか》よくなれるといろいろ違《ちが》って、おもしろい。違《ちが》うところがいいところ、と思《おも》って仲《なか》よくやろうね。

工作《こうさく》
お城《しろ》をつくろう
班《はん》で話《はな》し合《あ》ってすすめましょう
でっかいのつくろう
どうやって
うーん
スーパーで段《だん》ボール箱《ばこ》もらってきたらいいんじゃない？
それいいね
いこう
スーパー
S《エス》
おまえきけよ
えーかってにもってっちゃおうぜ
だめよ
段《だん》ボール
←店員《てんいん》さん
すみませーん段《だん》ボール箱《ばこ》いただけますか？
どうぞ
ありがとうございま〜す
すご…
たすかる〜
かるいかるい

33

新《あたら》しい年《とし》を迎《むか》えるとき
一年《いちねん》の目標《もくひょう》を立《た》てよう

毎年《まいとし》、お正月《しょうがつ》になると「一年《いちねん》の計《けい》は元旦《がんたん》にあり」とか、新学期《しんがっき》には「今年《ことし》の目標《もくひょう》を立《た》てよう」とか、親《おや》や先生《せんせい》に言《い》われることが多《おお》いと思《おも》う。うんざりしているかな？

それでも、「マイルール」もやっぱりこう言《い》うよ。「一《いち》年《ねん》の始《はじ》まりには、目標《もくひょう》を立《た》てよう！」

目標《もくひょう》は、「宇宙飛行士《うちゅうひこうし》になりたい」といった大《おお》きなことでもいいけれど、「朝《あさ》は友《とも》だちとの待《ま》ち合《あ》わせに遅《おく》れないようにする」といった小《ちい》さなことでいいんだ。

目標《もくひょう》には不思議《ふしぎ》な力《ちから》があって、「こうしよう」と決《き》めると、あなたはそうなっていく。いますぐ効果《こうか》が見《み》えなくても、いつの間《ま》にか心《こころ》にしみ込《こ》んでいって、いつか自分《じぶん》が目標《もくひょう》に近《ちか》づいていることに気《き》づく日《ひ》がきっと来《く》る。

目標《もくひょう》は自分《じぶん》を知《し》るためにある

「目標《もくひょう》」って何《なん》のために立《た》てるか、考《かんが》えたことがあるかな。達成《たっせい》するためだろうか。向上心《こうじょうしん》を持《も》つためだろうか。

私《わたし》は「目標《もくひょう》は自分《じぶん》を知《し》るためにある」と思《おも》う。朝《あさ》、いつも遅刻《ちこく》してしまうのだって、気《き》にしなければいつまでもそのままだろう。でも、「遅《おく》れない」と目標《もくひょう》にすれば、「自分《じぶん》は時間《じかん》に遅《おく》れる癖《くせ》があるんだ」と気《き》にしていられるよね。きちんと自分《じぶん》を知《し》れば、それだけでもっといい自分《じぶん》に変《か》われるものなんじゃないのかな。

わたしがちょっとおねえさんになったとき今《いま》よりすてきな人《ひと》になっていたい
そのためになにをしたらいいか
すてきじゃないわたし
すてきなわたし
ここがわかれ道《みち》よ
心《こころ》の会議室《かいぎしつ》
どんな目標《もくひょう》がいいですか
う〜ん

34

「節分《せつぶん》」は"節目《ふしめ》"　豆《まめ》まきで、なりたい自分《じぶん》を願《ねが》ってみよう

いままでを振《ふ》り返《かえ》り、これからの自分《じぶん》に出会《であ》う、それが節目《ふしめ》。

じつは、昔《むかし》の人《ひと》の一年《いちねん》の節目《ふしめ》は、一月一日《いちがつついたち》ではなく、節分《せつぶん》の時期《じき》だったんだ。いまは太陽《たいよう》の動《うご》き（地球《ちきゅう》の公《こう》転《てん》）に合《あ》わせて一年《いちねん》を区切《くぎ》っているけれど、昔《むかし》は月《つき》の満《み》ち欠《か》けと農作業《のうさぎょう》のスケジュールに合《あ》わせていたんだって。

節分《せつぶん》は、二月三日《にがつみっか》ごろ。次《つぎ》の日《ひ》は、立春《りっしゅん》といって、一年《いちねん》の農作業《のうさぎょう》を始《はじ》める日《ひ》にしていたんだって。月《つき》の満《み》ち欠《か》けに合《あ》わせて決《き》めていたから、年《とし》によってずれるんだ。お正月《しょうがつ》はゆっくり休《やす》んで生《う》まれ変《か》わり、これからの一年《いちねん》、がんばって働《はたら》くぞ！　という日《ひ》だったのかもしれないね。

あなたも、節分《せつぶん》の豆《まめ》まきをするときに、もう一度《いちど》、いままでの自分《じぶん》と新《あたら》しい自分《じぶん》のことを考《かんが》えてみてはどうだろう。豆《まめ》まきをするときに、古《ふる》い自分《じぶん》のいやだったところを鬼《おに》といっしょに追《お》い払《はら》って、こうなりたいという新《あたら》しい自分《じぶん》を福《ふく》といっしょに呼《よ》び寄《よ》せてみよう。

同時《どうじ》に、家族《かぞく》にもいいことがあるように願《ねが》ってみよう。これからどんどん日《ひ》が長《なが》くなり、暖《あたた》かくなってくる。いろんなものに力《ちから》がみなぎって、晴《は》れ晴《ば》れとしてくる。そんな季節《きせつ》の力《ちから》を借《か》りると、いいことがいっぱい来《き》てくれるんじゃないかな。

鬼《おに》のお面《めん》できたよー
パパかぶって
ママ
これ?
そうよ
いまどきの鬼《おに》はツノなんか見《み》せないのよ
よしいくぞー
ぐお〜〜
ちがう
こんにちはー
は〜い どちらさまですか
そうそう
世《せ》知辛《ちがら》い世《よ》の中《なか》なのよ

35

箸《はし》の使《つか》い方《かた》

きちんと持《も》てる？ じょうずに動《うご》かせる？

家族《かぞく》といっしょにチャレンジしてほしいゲームがある。名《な》づけて「お箸名人《はしめいじん》ゲーム」!!

①一人《ひとり》あたりお皿《さら》二枚《にまい》と小豆《あずき》十粒《じっつぶ》を用意《ようい》する。

②右側《みぎがわ》のお皿《さら》に小豆《あずき》を入《い》れる。

③「よーい、スタート！」で始《はじ》めて、いつも使《つか》っているお箸《はし》で、右側《みぎがわ》のお皿《さら》の小豆《あずき》を左側《ひだりがわ》のお皿《さら》に移《うつ》す。

④早《はや》く移《うつ》し終《お》わった人《ひと》が勝《か》ち。

さて、やってみたら、どうだったかな？ むずかしかった？ 誰《だれ》が勝《か》った？

小豆《あずき》は、きちんとした箸《はし》の持《も》ち方《かた》ができていないと、つまめないんだ。勝《か》った人《ひと》の持《も》ち方《かた》を、しっかり見《み》てみよう。正《ただ》しく持《も》てているだけでなく、動《うご》かし方《かた》が美《うつく》しかったはずだ。箸《はし》の使《つか》い方《かた》が美《うつく》しい人《ひと》は、ほかのいろんなことにもていねいに、きちんと接《せっ》することができる気《き》がするよ。

それにしても、箸《はし》って不思議《ふしぎ》な道具《どうぐ》だね。フォークやスプーンは簡単《かんたん》に使《つか》えるのに、箸《はし》はわざわざ片手《かたて》で二《に》本《ほん》の棒《ぼう》を扱《あつか》うから、ほんとうにむずかしい。日本人《にっぽんじん》は、なぜこんなめんどうな道具《どうぐ》を、毎日《まいにち》の食事《しょくじ》で使《つか》うようになったのだろう。

箸《はし》は、それだけでつまんだり、はさんだり、切《き》ったり、のせたり……いろんな動《うご》きができる！ オールマイティーなすごい道具《どうぐ》だといえるよね。

おはし選手権《せんしゅけん》

36

「ひな祭《まつ》り」って……　続《つづ》いているのには意味《いみ》がある

もうすぐ三月《さんがつ》、ひな祭《まつ》りがある。人形《にんぎょう》を出《だ》すのはたいへんだし、ごちそうといってもおすしだし、そもそも女《おんな》の子《こ》だけの行事《ぎょうじ》だ。クリスマスとかに比《くら》べて、盛《も》り上《あ》がらないよね。

そんな地味《じみ》な行事《ぎょうじ》なのに、昔《むかし》からいままで続《つづ》いているのは、なぜなのだろう？　昔《むかし》の人《ひと》にとっては、楽《たの》しい行事《ぎょうじ》だったのかな。

どんな行事《ぎょうじ》でも、なくならないで続《つづ》いているのには、深《ふか》い意味《いみ》があるものだ。楽《たの》しいだけでは、続《つづ》かない。やらないでいると、何《なに》か気持《きも》ちにわだかまりが残《のこ》るから、やり続《つづ》けるんだ。

そのわだかまりって、何《なん》だろうね。

ひな祭《まつ》りは、女《おんな》の子《こ》が無事《ぶじ》に育《そだ》つことを祈《いの》る行事《ぎょうじ》だ。お母《かあ》さんのなかには、ひな祭《まつ》りのあと、「おひな様《さま》を早《はや》くしまわないと、お嫁《よめ》に行《い》けなくなるよ」と言《い》われた人《ひと》もいるんじゃないかな。

子《こ》どもの病気《びょうき》や困《こま》りごとを代《か》わりに引《ひ》き受《う》けてくれるのが「ひな人形《にんぎょう》」だった、と言《い》うよ。だから家族《かぞく》も、ひな人形《にんぎょう》を大切《たいせつ》に扱《あつか》ったんだ。粗末《そまつ》に扱《あつか》うと、子《こ》どもが病気《びょうき》になったり、困《こま》りごとが起《お》きたりするのではと、心配《しんぱい》になるんだね。

「そんなの、迷信《めいしん》じゃないの」と言《い》わず、きちんとお祝《いわ》いすると、すがすがしい気持《きも》ちになるんじゃないかな。

つまりおひな様《さま》はわたしそのもの
大事《だいじ》にしてあげたい
ここのほうがながめがいいよ
ゴト
ゴト
さむくない？
おやつたべる？
まんが
ゴリラくん

恋《こい》って何《なに》？
人《ひと》を好《す》きになること　大《おお》きな力《ちから》、与《あた》えてくれる

テレビのドラマやマンガでは、「恋《こい》」の話《はなし》が多《おお》いよね。高学年《こうがくねん》になると、「コクった」「コクられた」なんてうわさも飛《と》び交《か》ったりする。

誰《だれ》かを好《す》きになる、誰《だれ》かが好《す》きになってくれる、そんな「恋《こい》」。あなたは、どう思《おも》っているかな。なんだかめんどうくさそう？　いやいや、恋《こい》をしてみたい？　よくわからない？

不思議《ふしぎ》だね。人《ひと》は誰《だれ》でも恋《こい》をする。偉大《いだい》な文学作品《ぶんがくさくひん》には恋《こい》をテーマにしたものがたくさんある。イギリスのシェイクスピアの書《か》いた『ロミオとジュリエット』とか、日本《にっぽん》の紫式部《むらさきしきぶ》が書《か》いた『源氏物語《げんじものがたり》』とか。

失恋《しつれん》した人《ひと》が、失《うしな》った恋《こい》をばねに大《おお》きな仕事《しごと》をなしとげて、歴史上《れきしじょう》、有名《ゆうめい》になることもある。キュリー夫人《ふじん》のような物理学者《ぶつりがくしゃ》や、ショパンのような作曲家《さっきょくか》のように、クリエイティブな情熱《じょうねつ》がわいてくるんだね。

人《ひと》を好《す》きになる気持《きも》ちは、とても大《おお》きな力《ちから》を与《あた》えてくれるらしい。恋《こい》はすてきなものだと思《おも》うよ。

だから、誰《だれ》かを好《す》きになったら恥《は》ずかしく思《おも》うこともない。人《ひと》の恋《こい》をからかったりするのは、いけないこと。

それに、あせることもない。好《す》きな人《ひと》ができなくても、それはタイミングがきていないだけ。いつか、すてきな恋《こい》に出合《であ》える日《ひ》まで、大切《たいせつ》にとっておけばいいんじゃないかな。

夏《なつ》休《やす》みの欠点《けってん》はまさやんに会《あ》えないことよね〜
まさやんはゆうきがあってやさしくて
え〜とそれから…
まきっぺ!なにしてるの?ぐうぜんだね
絵《え》日記《にっき》にかかなくては
うんそうだね
7がつ21にち今日《きょう》まさやんにぐうぜん会《あ》いました。びっくり♡。これはほぼまちがいなく運命《うんめい》でしょう。

38

将来《しょうらい》の夢《ゆめ》が見《み》つからない

一歩《いっぽ》一歩《いっぽ》できることを考《かんが》えていこう

最近《さいきん》は四年生《よねんせい》のときに、二分《にぶん》の一成人式《いちせいじんしき》をする学校《がっこう》が増《ふ》えてきたね。あなたの学校《がっこう》では、するのかな。いままでの自分《じぶん》を振《ふ》り返《かえ》ったり、将来《しょうらい》の夢《ゆめ》を考《かんが》えたり。あなたは、どんな夢《ゆめ》を描《えが》くだろうか。

ときどき、「将来《しょうらい》、何《なに》になりたいかわからないんです」という話《はなし》を聞《き》くよ。まわりの友《とも》だちは、サッカー選手《せんしゅ》とかパン屋《や》さんとか学校《がっこう》の先生《せんせい》とか、はっきりとした夢《ゆめ》を持《も》っているらしい。でも、自分《じぶん》は何《なに》が好《す》きなのか、何《なに》に向《む》いているのか、わからない……。

あなたなら、そういう友《とも》だちに対《たい》して、なんて言《い》ってあげるかな。

こういう悩《なや》みって、大人《おとな》になってもずっとあるものだ。ほんとうの成人《せいじん》、つまり二十歳《はたち》を過《す》ぎて社会人《しゃかいじん》になるときも、子《こ》どもを産《う》んでいったん仕事《しごと》をやめていた女性《じょせい》が「もう一度《いちど》、働《はたら》こう」と決《き》めたときも。いろいろなことができるなかで、たったひとつ「自分《じぶん》はこれがしたい」と選《えら》ぶのは、誰《だれ》にとってもむずかしいことなんだね。

私《わたし》は、きっぱりと「これ」と決《き》めなければならないとは思《おも》わない。迷《まよ》ったり後戻《あともど》りしたりしながら、自分《じぶん》のできることを一生懸命《いっしょうけんめい》に考《かんが》えるのが、すばらしいんだ。

そうやって迷《まよ》っているときも、確実《かくじつ》に小《ちい》さな一歩一歩《いっぽいっぽ》を進《すす》んでいるんだと思《おも》う。きっと、答《こた》えが「わからない」も正解《せいかい》なんだね。

なでしこ
キャスター
宇宙飛行士《うちゅうひこうし》
科学者《かがくしゃ》
イラストレーター
アイドル
なになろうかな…
!?
いまいっしゅんなにかにひっぱられた
なにに？
う〜ん未来《みらい》の自分《じぶん》？

39

カンペキな準備《じゅんび》

学校《がっこう》に持《も》っていく物《もの》をそろえよう

そろそろ新学期《しんがっき》が始《はじ》まるね。夏休《なつやす》みの宿題《しゅくだい》、上履《うわば》き、鉛筆《えんぴつ》……持《も》っていく物《もの》の準備《じゅんび》はできているかな。全部《ぜんぶ》、OK《オーケー》！　そう思《おも》っているあなた。次《つぎ》のことができているか、チェックしよう。

①宿題《しゅくだい》は全部《ぜんぶ》、終《お》わっている？　最後《さいご》の一《いっ》ページをやり残《のこ》していないだろうか。

②筆入《ふでい》れの中身《なかみ》は、きちんとしているかな。鉛筆《えんぴつ》はそろっている？　消《け》しゴムは入《はい》っている？

③上履《うわば》きは、小《ちい》さくないかな。名前《なまえ》が薄《うす》くなっていて、読《よ》めなくない？　体操服《たいそうふく》は？

④壊《こわ》れかけたままの道具《どうぐ》はない？　直《なお》す物《もの》は直《なお》し、新《あたら》しくする物《もの》は買《か》いに行《い》こう。

⑤制服《せいふく》やカバンは清潔《せいけつ》かな。なかにごみが入《はい》っていたり、泥《どろ》で汚《よご》れたままになったりしていない？

準備《じゅんび》をするには、想像力《そうぞうりょく》が大切《たいせつ》

準備《じゅんび》をするとは、物《もの》をそろえるだけではないんだ。そのときの行動《こうどう》を考《かんが》えて、その行動《こうどう》に困《こま》らないように備《そな》えて、初《はじ》めて「準備《じゅんび》」が役《やく》に立《た》つことになる。

だから、準備《じゅんび》をするときには、想像力《そうぞうりょく》が大切《たいせつ》だよ。自分《じぶん》の行動《こうどう》を思《おも》い描《えが》いて、チェックすると、カンペキだ。

ついでに、夜《よる》、早《はや》めに寝《ね》るようにしたり、朝起《あさお》きる時《じ》間《かん》を確認《かくにん》したりできれば、最高《さいこう》だね。

40

朝《あさ》のルール

すっきり過《す》ごせば一日《いちにち》が気《き》持《も》ちいい

中学生《ちゅうがくせい》の子《こ》どもを持《も》つお母《かあ》さんから、こんな話《はなし》を聞《き》いたことがある。「お母《かあ》さんの仕事《しごと》のなかで、いちばんいやなのは、子《こ》どもを朝《あさ》、起《お》こすことなんです。何度《なんど》起《お》こしても起《お》きてこないし、遅刻《ちこく》すると思《おも》うとハラハラするし。毎日《まいにち》のストレスです！」

あなたは大丈夫《だいじょうぶ》かな。「朝《あさ》よ。起《お》きて」と一声《ひとこえ》かけられたら、すぐ起《お》きる？ 何度《なんど》も何度《なんど》も呼《よ》ばれても寝《ね》ていて、「大丈夫《だいじょうぶ》。ぎりぎりになったら、必《かなら》ず起《お》こしてくれるから」と安心《あんしん》していない？

朝《あさ》、眠《ねむ》いのはわかるけれど、あなたが気《き》持《も》ちよく寝《ね》ているあいだに、何度《なんど》もあなたを呼《よ》ぶお母《かあ》さんは、だんだん機嫌《きげん》が悪《わる》くなっている。しぶしぶ起《お》きたときに、お母《かあ》さんが怖《こわ》い顔《かお》になっているのは、しかたがないのだ。

朝《あさ》は、誰《だれ》でも眠《ねむ》いもの。そして、誰《だれ》でも、機嫌《きげん》がちょっと悪《わる》いもの。だからこそ、朝《あさ》は無理《むり》してでも、すっきり過《す》ごそう。

起《お》こされたらぱっと起《お》きて、「おはよう！」と自分《じぶん》から言《い》う。お母《かあ》さんの朝《あさ》の仕事《しごと》のなかで、できることを自《じ》分《ぶん》の役目《やくめ》にする。たとえば、ごみ出《だ》しとかね。「早《はや》くごはんを食《た》べなさい」と言《い》われる前《まえ》に、食卓《しょくたく》について食《た》べ始《はじ》める。

たったそれだけで、そのあとの一日《いちにち》が気《き》持《も》ちよく過《す》ごせるよ。

はー
しあわせ〜
このまま学校《がっこう》に
行《い》けたらいいのに
はっ
あれは
(あこがれの)
まさやん
しゅぱっ
おはよー
おはよう
ごはんよ
はーい♡

コラム❹

小《しょう》学《がっ》校《こう》のオキテ

小学校《しょうがっこう》では、勉強《べんきょう》をするのがオキテだ。国語《こくご》や算数《さんすう》、音楽《おんがく》や体《たい》育《いく》。いろいろな授業《じゅぎょう》があっていろいろな勉強《べんきょう》をして、生《い》きていくための力《ちから》をつけるのが小学校《しょうがっこう》なんだ。

おもしろい授業《じゅぎょう》のときは、たくさん楽《たの》しんでいっぱい力《ちから》をつけよう。いっぱい先生《せんせい》に質問《しつもん》して、いっぱい教科書《きょうかしょ》を読《よ》んで、たくさんのことを覚《おぼ》えよう。

もし、授業《じゅぎょう》がつまらなかったら、どうしたらいいのかな？　ノートを書《か》くのがたいへんだったら、先生《せんせい》のお話《はなし》をじっと聞《き》いているのがつらかったら、どうしよう？

ほんとうのところ、そういうときでもがんばれる人《ひと》は、勉強《べんきょう》の力《ちから》がついてくるんだよね。ノートを書《か》くのがたいへんでも、やってみよう。じっとしているのがたいへんでも、先生《せんせい》のお話《はなし》をしっかり聞《き》いてみよう。そのうちに、ノートを書《か》く力《ちから》もお話《はなし》を聞《き》く力《ちから》もついてくるよ。

ひとつ、たいせつな勉強《べんきょう》のオキテを教《おし》えよう。わからないときは、先生《せんせい》に「わかりません」と言《い》うといいよ。わからないのは、恥《は》ずかしいことじゃない。わからないけど知《し》りたいな、わからないことをわかりたいな、と思《おも》える人《ひと》が、ほんとうに勉強《べんきょう》ができる人《ひと》なんだ。

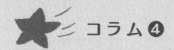

41

きれいな文字《もじ》を書《か》く
きちんと伝《つた》えたい気《き》持《も》ちが大事《だいじ》

先生《せんせい》や親《おや》から「もっときれいな文字《もじ》を書《か》きなさい」としかられたことがある人《ひと》はいるかな？　とくに男子《だんし》には多《おお》いのではないだろうか。

じつは私《わたし》は、子《こ》どものころから文字《もじ》が下手《へた》で、自分《じぶん》でも読《よ》めないくらいだった。「少《すく》なくとも、人《ひと》が読《よ》める文字《もじ》を書《か》きなさい」と、怒《おこ》られてばかり。そのうち「頭《あたま》がいい人《ひと》は、文字《もじ》が汚《きたな》いんだ」とか、変《へん》な言《い》い訳《わけ》を考《かんが》えついたりして……。

急《いそ》がず、ていねいに

でも、文字《もじ》が汚《きたな》いと、それがコンプレックス（劣等《れっとう》感《かん》）になる。いくらパソコンの時代《じだい》だって、私《わたし》たちはずっと手《て》で文字《もじ》を書《か》き続《つづ》けるはずだしね。

私《わたし》は、大人《おとな》になってから、書道《しょどう》の先生《せんせい》に「どうしたら文字《もじ》が上手《じょうず》になるんですか」と質問《しつもん》したことがある。答《こた》えはとても簡単《かんたん》だった。

急《いそ》がずに、ていねいに書《か》けばいいんです。それから、なるべく手《て》で文字《もじ》を書《か》く回数《かいすう》を増《ふ》やしてください。

たった、それだけ。

でも、それでわかったんだ。文字《もじ》は、誰《だれ》かに読《よ》んでもらうために書《か》く。その人《ひと》に思《おも》っていることをきちんと伝《つた》えたい、という気持《きも》ちがあれば自然《しぜん》に、ていねいにきれいに書《か》く。そして、自分《じぶん》らしい文字《もじ》になるんだ。

もっちん
のっしょんに
かえろ～
おしが
ちゃり～
えぬ
カー
おもしろ～
まんがが～
なろ～め!
きゅうちちゃん
あめふられ
こなりゅ!
まきっぺ。
わたし
まきっぺが
理《り》解《かい》でき
ないわ

42

掃除当番《そうじとうばん》

自分《じぶん》たちの手《て》できれいにする意味《いみ》

学校《がっこう》では、掃除《そうじ》の時間《じかん》があるかな？　学校《がっこう》によっては、児童《じどう》は掃除《そうじ》をしないところもあるけれど、だいたいは児童《じどう》が当番《とうばん》になって掃除《そうじ》をしていると思《おも》う。そのとき、みんなはちゃんと掃除《そうじ》をしている？　先生《せんせい》もいっしょにするのかな。

掃除《そうじ》がない学校《がっこう》は楽《らく》でいいよね。外国《がいこく》には、そういう仕事《しごと》は専門《せんもん》の人《ひと》を雇《やと》っているところも多《おお》い。とくに、階級《かいきゅう》（身分《みぶん》の違《ちが》い）がある国《くに》は、掃除《そうじ》は下《した》の階級《かいきゅう》の人《ひと》がする仕事《しごと》だと考《かんが》えるらしい。

あなたは、学校《がっこう》の掃除《そうじ》がめんどうくさい？　みんなが使《つか》うトイレの掃除《そうじ》なんて、汚《きたな》くて無理《むり》？

日本語《にほんご》の「きれい」は清潔《せいけつ》で、美《うつく》しい

学校《がっこう》では、なぜ児童《じどう》に掃除《そうじ》をさせるのだろう。決《き》まりだから？　では、その決《き》まりを最初《さいしょ》に作《つく》った人《ひと》は、なぜ、そうしたのだろう？

考《かんが》えてみてほしい。勉強《べんきょう》をするための教室《きょうしつ》を、なぜ自分《じぶん》の手《て》できれいにしたほうがいいのか。自分《じぶん》たちできれいにした教室《きょうしつ》は、人《ひと》がきれいにしてくれた教室《きょうしつ》と、同《おな》じなのか違《ちが》うのか。

あるアメリカのテレビ番組《ばんぐみ》で、「日本語《にほんご》の『きれい』は、英語《えいご》のclean（清潔《せいけつ》）とbeautiful（美《うつく》しい）の両方《りょうほう》を意味《いみ》する」と説明《せつめい》していたよ。

わたしたちの学校《がっこう》の創立者《そうりつしゃ》の銅像《どうぞう》がー
なんだこれ
こんなことになっていました
ドロとかコケだね
だれかそうじしたら?
いや…あれはちょっと
創立者《そうりつしゃ》ってイケメンだったらしいよ
そうじするぞ
おー
そして…
これイケメンか?
かなりのイケメンよ
ね

43

小《ちい》さな子《こ》が泣《な》いていたら 声《こえ》をかけて助《たす》けてあげよう

三歳《さんさい》くらいの子《こ》が、道《みち》で泣《な》いている。まわりには、親《おや》らしき大人《おとな》は誰《だれ》もいない。学校帰《がっこうがえ》り、そんな場面《ばめん》に出《で》くわしたら、どうする？

「どうしたのかな」と気《き》にはなるけど、そのまま通《とお》り過《す》ぎちゃうかな。急《いそ》いで家《いえ》に帰《かえ》って、お母《かあ》さんに報告《ほうこく》して、いっしょに来《き》てもらうかな。

あなたは子《こ》どもだけど、年下《としした》の子《こ》から見《み》たら、りっぱなお兄《にい》さん、お姉《ねえ》さんだ。小《ちい》さな子《こ》が困《こま》っていたら、とにかくその場《ば》で「どうしたの？」って声《こえ》をかけてあげようよ。

転《ころ》んでひざをすりむいていたなら、おうちの場所《ばしょ》を聞《き》いて、連《つ》れて行《い》ってあげよう。迷子《まいご》になっていたなら、誰《だれ》か大人《おとな》に助《たす》けを求《もと》めよう。近所《きんじょ》の家《いえ》をピンポンってしてもいいし、近《ちか》くの交番《こうばん》に行《い》ってもいいんだよ。

子《こ》どもを守《まも》るのは大人《おとな》だけの役目《やくめ》じゃない。子《こ》どものあなたでも、もっと小《ちい》さな子《こ》どもを守《まも》ってあげられるんだ。

子《こ》どもだって誰《だれ》かの力《ちから》になれる

子《こ》どもだから、力《ちから》が足《た》りないところはたくさんある。でも、あなたのほうが力《ちから》があって頼《たよ》りになる場合《ばあい》もあるんだ。

それは、お年寄《としよ》りや体《からだ》の不自由《ふじゆう》な人《ひと》、幼稚園《ようちえん》の子《こ》みたいに、いかにも「弱《よわ》い」相手《あいて》だけとは限《かぎ》らないと思《おも》うよ。

え〜ん
え〜ん
おやつ
プー
よみかけのまんが
ゲーム
よりみちしないのよ
ママ
はやくかえりたい
どうしたの？
おうちがわからなくなっちゃってころんじゃってって

44

歩《ある》きながら食《た》べる かっこいい？ 行儀《ぎょうぎ》が悪《わる》い？

あなたは、街《まち》で、歩《ある》きながらアイスクリームやハンバーガーを食《た》べることがある？　観光地《かんこうち》だと、おだんごやおせんべいを、歩《ある》きながら食《た》べられるように売《う》っていたりもするよね。

この「歩《ある》き食《た》べ」、ほんとうのところ、ちょっと行儀《ぎょうぎ》が悪《わる》いと思《おも》わない？　人《ひと》ごみだと、不潔《ふけつ》だったり人《ひと》の服《ふく》を汚《よご》しちゃったりするかもしれないし。

お父《とう》さんやお母《かあ》さんがうんと小《ちい》さいころ、そう、一九七〇年代《せんきゅうひゃくななじゅうねんだい》までは、ハンバーガーやフライドチキンの店《みせ》はなかった。そういうファストフードの店《みせ》がどんどんできて、それまでは物《もの》を食《た》べるときは腰《こし》かけるものだったのに、歩《ある》きながら食《た》べるのがかっこいいファッションになった時代《じだい》があったんだ。

いまは、ファッションというより、当《あ》たり前《まえ》の感《かん》じもするね。電車《でんしゃ》のなかでも、ベンチでも、道《みち》を歩《ある》きながらでも、たくさんの大人《おとな》が食《た》べたいときにどこでも何《なん》でも食《た》べている。それって、子《こ》どもの目《め》から見《み》て、どうかな。

私《わたし》は、歩《ある》きながらものを食《た》べるのって、「食《た》べたい」気持《きも》ちに負《ま》けちゃっている感《かん》じがする。かっこいい大人《おとな》は、自分《じぶん》の気持《きも》ちに負《ま》けたりしないで、「家《いえ》に帰《かえ》って食《た》べよう」「おなかがすいたけれど、がまんしよう」と思《おも》えるだろう。

そう！　「武士《ぶし》は食《く》わねど高楊枝《たかようじ》」でいこうよ。

みて
あんなふうにナイフとフォークをつかってみたいわ
だけどなんか変《へん》じゃない？
そうねえ…

45

なぜ、けんかになるの？

自分《じぶん》に合《あ》わせてほしいとお互《たが》いに思《おも》うから

お父《とう》さんとけんかした。だって、休《やす》みの日《ひ》に「どこかに、連《つ》れて行《い》って」って言《い》っても、「今日《きょう》はお父《とう》さん、ゆっくり休《やす》みたいな」って言《い》って、連《つ》れて行《い》ってくれないんだもの。それどころか、「いっしょに庭《にわ》の草《くさ》とりをしようよ。草《くさ》がぼーぼーで気《き》になっていたんだ」だって。

えー、なんで遊《あそ》びに行《い》く話《はなし》が、草《くさ》とりの話《はなし》になるの？草《くさ》とりなんか、つまらない。お父《とう》さんなんて、大《だい》キライ！って怒《おこ》っちゃったんだよね。

こういうとき、なんで悲《かな》しくなったり、腹《はら》が立《た》ったりするのだろう。それは、お父《とう》さんがあなたの言《い》うとおりにしてくれないからだ。

一方《いっぽう》、お父《とう》さんはあなたを自分《じぶん》の言《い》うとおりにさせたいんだよね。「自分《じぶん》はこうしたい」という気持《きも》ちに相手《あいて》が合《あ》わせてくれるといいな、ってお互《たが》いが思《おも》うから、腹《はら》が立《た》つんだ。

相手《あいて》が自分《じぶん》に合《あ》わせて意見《いけん》を変《か》えてくれることを期待《きたい》しているだけだと、たいてい、うまくいかなくなる。友《とも》だちだって、同《おな》じことだ。友《とも》だちに、「今日《きょう》は、サッカーをしよう」と言《い》ったら、「僕《ぼく》はドッジボールがいい」って言《い》われて、気《き》まずいフンイキになることって、あるよね。

じゃあ、どうしたらいいと思《おも》う？

変《か》えられるのはまず、自分《じぶん》なんじゃないかな。

わざわざケンカしたい人《ひと》なんているのかな
貧乏神《びんぼうがみ》や疫病神《やくびょうがみ》がいるように
ケンカにはケンカの神様《かみさま》がいるんじゃない？
でもさびしがりやなの
ひとりじゃケンカもできないでしょ？

46 やけどした！ あわてないですぐ冷《ひ》やそう

料理《りょうり》の手伝《てつだ》いをしていて、うっかり熱《あつ》いお湯《ゆ》を腕《うで》にざあっと浴《あ》びてしまった。さあ、やけどをしたときに、まずしなければいけないことは、何《なん》だっけ。そう、冷《ひ》やすことだ。それも、一秒《いちびょう》でも早《はや》く。あなたが自分《じぶん》で処《しょ》置《ち》できるように覚《おぼ》えておいてほしい。

腕《うで》を水道《すいどう》の蛇口《じゃぐち》の下《した》に持《も》っていって、流《なが》れる水《みず》で五分《ごふん》以上《いじょう》冷《ひ》やそう。水《みず》から離《はな》しても、痛《いた》みがなくなっていたら、もう冷《ひ》やさなくてもいいというサインだよ。もし水《みず》ぶくれができたら、破《やぶ》らないこと。そのほうが、治《なお》りが早《はや》いからね。

もし、熱《ねっ》した油《あぶら》を浴《あ》びたり、頭《あたま》とか全身《ぜんしん》とか広《ひろ》い部《ぶ》分《ぶん》をやけどしたりしたら、冷《ひ》やしながら救急車《きゅうきゅうしゃ》を呼《よ》ぶようにしよう。きちんと診《み》てもらうと安心《あんしん》だよ。

けがをしたら傷口《きずぐち》をきれいに洗《あら》おう

では、自転車《じてんしゃ》で転《ころ》んでひざをすりむいたときには、どうする？　傷口《きずぐち》を水《みず》できれいに洗《あら》って、そのままかさぶたができるのを待《ま》つのがいいんだ。傷口《きずぐち》をカバーする専《せん》用《よう》のばんそうこうも、売《う》っているよね。

包丁《ほうちょう》ですぱっと切《き》ったなら、さっと傷口《きずぐち》を洗《あら》って、すぐに上《うえ》からぎゅっと押《お》さえるようにしよう。意外《いがい》に早《はや》く傷《きず》がふさがるよ。血《ち》が止《と》まらないなら、病院《びょういん》に行《い》くほうがいいね。

やかんのお湯《ゆ》がわいているつもり
トントントントン
キャベツの千切《せんぎ》りしているつもり
ガラガラバシャーン
うわあつっつつつ
トトトトトトト
トトトトトト
上手《じょうず》でしょ…
スパッひっ
いたたたたたた
あわてず水道水《すいどうすい》でひやす
やけどした時《とき》の練習《れんしゅう》
傷口《きずぐち》あらってぎゅっと……
切《き》っちゃった時《とき》の練習《れんしゅう》
牛乳《ぎゅうにゅう》
まったく人生《じんせい》なにがあるかわからないからねえ

47

言葉《ことば》の意味《いみ》がわからない
その場《ば》で調《しら》べる

テレビのニュースを見《み》ていたら、「ゼンチ一週間《いっしゅうかん》のけがです」なんて、むずかしい言葉《ことば》を言《い》っていた。そんなとき、あなたはどうする？

①「けがの大《おお》きさを言《い》っているんだろう」と思《おも》って、そのままにする。

②「お父《とう》さん（お母《かあ》さん）、ゼンチって、何《なに》？」と聞《き》く。

③国語辞典《こくごじてん》で「ぜんち」を調《しら》べてみる。

　お察《さっ》しのとおり、わからないことがあったら③をやってみよう。人《ひと》に聞《き》くより自分《じぶん》で調《しら》べたほうが、確実《かくじつ》に覚《おぼ》えられる。一回一回《いっかいいっかい》の積《つ》み重《かさ》ねで、驚《おどろ》くほどに言葉《ことば》の

力《ちから》がつくんだよ。

大人《おとな》があなたを笑《わら》うとき

ときどき、あなたが何《なに》か言《い》ったら、大人《おとな》がおかしそうに笑《わら》うことがないかな。「イッパンテキに、そう言《い》えるよね」とか言《い》うと、「一般的《いっぱんてき》だって」なんて、笑《わら》われちゃう。

それで、「自分《じぶん》は変《へん》なことを言《い》ったのかな」と心配《しんぱい》になったら、はっきり聞《き》いてみよう。「私《わたし》、何《なに》か言《い》い間違《まちが》えたの？」ってね。

大人《おとな》は、子《こ》どもが大人《おとな》のような言葉遣《ことばづか》いを試《ため》したり、ちょっとした言《い》い間違《まちが》いをしたりすると「かわいいな」と笑《わら》ってしまう癖《くせ》があるらしい。でも、言葉《ことば》に興味《きょうみ》があっていろいろ使《つか》ってみたいあなたは、すばらしいと思《おも》うよ。

恥《は》ずかしがらずに、もっと試《ため》してみよう！

48

女子《じょし》たちへ ❷
かけがえのないあなたは一輪《いちりん》の花《はな》

女子《じょし》に生《う》まれたあなたたち。以前《いぜん》、私《わたし》は「体《からだ》を大切《たいせつ》にしてほしい」と伝《つた》えたね。もうひとつ、お願《ねが》いがある。あなたたちは、女性《じょせい》に生《う》まれただけで、花《はな》のような存《そん》在《ざい》なんだ。テレビには、バラやスミレのようなかわいい女子《じょし》がたくさん出《で》てくる。学校《がっこう》にも、みんなにモテるヒマワリのような女子《じょし》がいる。比《くら》べると、自分《じぶん》が花《はな》だなんて、思《おも》えないかもしれない。

それでも、自分《じぶん》を花《はな》のような存在《そんざい》だと認《みと》めてほしい。そこに咲《さ》いているだけで、世界《せかい》を明《あか》るくするような一輪《いちりん》、かけがえのない美《うつく》しさを持《も》った存在《そんざい》であると。

自分《じぶん》を認《みと》めて、花《はな》のようであれ

私《わたし》は小学生《しょうがくせい》のころ自分《じぶん》がきらいだった。背《せ》が高《たか》くて、かわいくもなく、どんくさくて。そのときに、お母《かあ》さんは「もう少《すこ》し背《せ》が低《ひく》かったらねえ」「人並《ひとな》みの顔《かお》でよかった」なんて、変《へん》なぐさめ方《かた》をしてくれた。ちっとも、自信《じしん》なんて持《も》てなかった。

いま、大人《おとな》になってわかる。あのころの私《わたし》は、たとえダイコンの花《はな》のようであっても、よく見《み》れば神秘的《しんぴてき》なくらい美《うつく》しい、一輪《いちりん》の花《はな》だった。そのことを本気《ほんき》で信《しん》じられる日《ひ》は必《かなら》ず来《く》る。その日《ひ》まで、自分《じぶん》を花《はな》と信《しん》じて、いつくしんでほしい。

ピッピッ
ピー
まきっぺなにしてるの?
自分《じぶん》撮《ど》りよ
だれもわたしの魅力《みりょく》に気《き》がつかないから
ピピ
わたしもやりたい
いやーなにそれー
もっちんいまのセクシーじゃない?
みてこれー
ウフフ
いいでしょう

49

男子《だんし》たちへ② 弱《よわ》さに打《う》ち勝《か》ち行動《こうどう》する意思《いし》を

男子《だんし》に生《う》まれたあなたたち。前《まえ》に、本当《ほんとう》に強《つよ》い人《ひと》になってほしい、と書《か》いたね。

「強《つよ》い人《ひと》になる」とは、けんかに強《つよ》くなることではない。自分《じぶん》よりも体《からだ》や年齢《ねんれい》が大《おお》きい人《ひと》に向《む》かっていける、ということでもない。私《わたし》は、強《つよ》さとは、意思《いし》なんじゃないかと思《おも》うんだ。

こうありたいと願《ねが》う力《ちから》

「意思《いし》」と言《い》っても、なんだかむずかしいよね。たとえば、いじめか遊《あそ》びかわからないような場面《ばめん》に出《で》くわしたとき、見《み》て見《み》ぬふりをしたいのは、自然《しぜん》な気持《きも》ちだ。でも、「いやだな」「なんとかしたいな」という気《き》持《も》ちもあるはず。

その気持《きも》ちから目《め》をそらさないで、「なんとかしよう」と方法《ほうほう》を考《かんが》える意思《いし》の力《ちから》。

勉強《べんきょう》はしなければならないけれど、テレビも見《み》たいとき。「いま、勉強《べんきょう》しなきゃ、いつするんだ」と自分《じぶん》に言《い》い聞《き》かせて、えいっと席《せき》を立《た》って机《つくえ》に向《む》かう。

そうやって体《からだ》を動《うご》かす意思《いし》の力《ちから》。

それが、強《つよ》さなんだ。だから、強《つよ》さは誰《だれ》でも持《も》てるはずだけれど、じっさいに持《も》っている人《ひと》は少《すく》ない。自分《じぶん》の弱《よわ》さを知《し》り、弱《よわ》さに打《う》ち勝《か》って、頭《あたま》や体《からだ》を動《うご》かせる強《つよ》い人《ひと》になってほしい。

どうぞお座《すわ》りください
きもちいい〜
ここではテレビを見《み》放《ほう》題《だい》まんがは読《よ》み放《ほう》題《だい》ゲームもやり放《ほう》題《だい》です
すげー
そして月《つき》日《ひ》は流《なが》れ……
あのさあ
どうしました?
さいきんたのしいのかつまらないのかうれしいのかかなしいのかわからないんだ
それは勉《べん》強《きょう》をしていないからですよ♡

50

お母《かあ》さんとけんか
仲《なか》直《なお》りのテクニックを使《つか》おう

お母《かあ》さんもあなたも、なんとなく、お互《たが》いに機嫌《きげん》が悪《わる》くて、ちょっとしたことで口《くち》げんかになっちゃうこと、あるよね。お母《かあ》さんが口《くち》うるさいから、つい強《つよ》く言《い》い返《かえ》しちゃって、自分《じぶん》でも「あっ」と思《おも》ったときにはもう遅《おそ》い……。そんなとき、素直《すなお》に謝《あやま》るのはなかなかむずかしい。

そのまま部屋《へや》に閉《と》じこもると、出《で》ていくきっかけもうまくつかめない。お母《かあ》さんが「ごはんよ～」と呼《よ》ぶ声《こえ》がしても、「いつ出《で》て行《い》こう」とだんだん困《こま》ってくる。さて、どうしよう……。

お母《かあ》さんも反省《はんせい》している

じつはそういうとき、お母《かあ》さんも反省《はんせい》しているんだ。「言《い》わなくてもいいこと、言《い》っちゃったなあ」と、自分《じぶん》を責《せ》めていることもある。

そして、お母《かあ》さんは大人《おとな》だから、仲直《なかなお》りのテクニックを使《つか》うんだ。「ごはんよ～」といつもの声《こえ》で呼《よ》んだり、通《とお》りかかったら「どうしたの？」とさりげなく声《こえ》をかけたり。気《き》まずくても、「けんかなんか、したっけ」という顔《かお》をするのが、大人《おとな》のテクニック。

「おかずは、何《なに》？」なんて平気《へいき》な顔《かお》をしてみせて、そのテクニックに上手《じょうず》に乗《の》るのが、子《こ》どものテクニックだよ。

なに食《た》べたい？
サンマ！
ビーフフェア
198
サンマ特売《とくばい》
98えん
どれにする
これ？
二人《ふたり》はなかよしです
これおっきい
買《か》いすぎじゃな〜い
食《た》べちゃうわよ
毎日《まいにち》ケンカしたりそのたびに仲直《なかなお》りしたりしているからです

おわりに

小学生のお父さんお母さんになったら

小学校低学年のころをご記憶でしょうか。私は、こんな記憶があります。

学校で授業を受けているとき、ふと、家にいる母のことを思い出しました。そして「もし、私がこうして学校にいるあいだに、お母さんが死んじゃっていたらどうしよう」と不安になったのです。その不安な気持ちを抱えて、授業が終わると通学路を一心に走って戻り、「ただいま」と家のドアを開けると、母はいつもどおり「お帰り！」と笑顔で迎えてくれました。胸がしめつけられるようなほっとした感覚をよく覚えています。

自分の子どもが小学生になったとき、子どもがランドセルをしょって一人で歩く姿を見て、そのときの気持ちを思い出しました。自分の分身のようだった子どもが、私から離れて一人で歩いている。それは誇らしさと寂しさの入り混じった感覚でした。それまでにも、一人で近所の友だちの家に歩いていく姿を見、保育園に預けて「ばいばい」としあうことはあったけれど、それらとは違うのです。

小学校とは、子どもが親とは違う自らの世界を持ち自分で考えて生きていく、その最初の世界なのでしょう。小学校に向かって一人で歩く通学路は、この先、ずっと一人で歩き続ける人生の道の始まりなのです。

まきっぺの物語には、「マイルール」というタイトルをつけています。このタイトルには、子どもたちが自分のルールに拠《よ》って立ちながら自分の人生をたくましく生きていってほしいという願いを込めています。小学生になっても、お父さん、お母さんにとってはまだまだ手がかかることばかりでしょうが、子どもが自分の足で日々の道をしっかりと歩めるように、励ましてあげてください。「マイルール」がその役に立つことを願っています。

ママ いつも ありがとう

本書は、「毎日小学生新聞」（毎日新聞社）に掲載された
『自立のすすめ　マイルール』（2007年4月3日〜2016年2月23日）から
50話を抜粋したものです。
作品は現在も同紙で好評連載中です。

辰巳渚さんに、「こういうとき、どうするんだっけ」と質問をしたい人は、メールでご連絡ください。
myrule@kajijuku.com

辰巳 渚《たつみ・なぎさ》

1965年生まれ。お茶の水女子大学文教育学部卒業。文筆家。二児の母。「家のコトは生きるコト」を信念とし、暮らしを整える考え方や方法を提言し続けている。その実践の場として、2008年度から「家事塾」を主宰。また、2016年には「生活哲学学会」を設立。全国で、自立のための「子ども家事塾」を開催するなどの活動を展開している。著書に『「捨てる!」技術』（宝島社新書）、『子どもを伸ばす毎日のルール』（岩崎書店）、『家を出る日のために』（イースト・プレス）など多数。

朝倉世界一《あさくら・せかいいち》

1965年生まれ。東京都出身の埼玉育ち。漫画家。アルバイト先の雑誌編集部でイラストを描き始めて、88年に漫画家デビュー。主な著書に『デボネア・ドライブ』『春山町サーバンツ』『おれはたーさん』（KADOKAWA/エンターブレイン）、『地獄のサラミちゃん』（祥伝社）、『そよそよ。』（集英社）など。

小《しょう》学《がく》生《せい》になったらどうするんだっけ

自立《じりつ》のすすめ　マイルール　BEST

印刷　2017年2月10日
発行　2017年2月25日

著者　辰巳《たつみ》　渚《なぎさ》
　　　まんが・朝倉《あさくら》　世界一《せかいいち》

発行人　黒川昭良
発行所　毎日新聞出版
　　　　〒102-0074
　　　　東京都千代田区九段南1-6-17　千代田会館5階
　　　　営業本部　03-6265-6941
　　　　図書第二編集部　03-6265-6746

印刷　精文堂
製本　大口製本

ISBN978-4-620-32437-1